礼赢天下：中华与世界礼仪全览

庆典与庆贺礼仪

名家手笔，打造最权威的礼仪百科！
深入浅出，成就举手投足间的魅力！

庆典与庆贺礼仪是人们在举办和参与喜庆之事时所应知应守的行为规范。了解庆贺礼仪知识，可以让我们用更文明、更得体、更喜庆的方式祝贺喜事，为生活增添更多的快乐。本书依据我国民间庆贺喜事的传统惯例，融入更加开放化、实用化的礼仪知识，分别介绍了祝贺寿辰礼仪、祝贺婚庆礼仪、祝贺亲友生日礼仪、祝贺乔迁礼仪、祝贺开业礼仪、祝贺学业进步礼仪、祝贺升职与获奖礼仪等丰富的礼仪知识，是当代人们生活中必备的礼仪知识手册。

舒静庐 主编

CELEBRATION ETIQUETTE

羡慕别人有魅力？
《中华与世界礼仪全览》助你一臂之力！

涵盖日常、商务、职场方方面面，高端大气上档次的礼仪百科！

以礼赢人心，以礼赢天下，展中华之传统，扬世界之精华

《中华与世界礼仪全览》让你一览礼仪之天下

上海三联书店

图书在版编目（CIP）数据

庆典与庆贺礼仪／舒静庐主编．—上海：
上海三联书店，2014.11
ISBN 978－7－5426－4969－0

Ⅰ.①庆… Ⅱ.①舒… Ⅲ.①礼仪—基本知识
Ⅳ.①K891.26
中国版本图书馆 CIP 数据核字（2014）第 243147 号

庆典与庆贺礼仪

主　　编／舒静庐
责任编辑／陈启甸
特约编辑／田凤兰　袁　梅
监　　制／吴　昊
出版发行／上海三联书店
　　　　　（201199）中国上海市都市路 4855 号 2 座 10 楼
　　　　　http：//www.sjpc1932.com
印　　刷／三河市天润建兴印务有限公司
版　　次／2015 年 1 月第 1 版
印　　次／2016 年 1 月第 2 次印刷
开　　本／787×1092　1/16
字　　数／192.28 千字
印　　张／13.50

ISBN 978－7－5426－4969－0/G.1364
定　价：23.50 元

目 录

Contents

❈ 第二章　学校庆典礼仪 ❈

一、开学典礼的准备

✳ 第三章　家庭庆贺礼仪 ✳

目　录

庆典与庆贺礼仪

八、庆祝生日礼仪

绪言 庆贺礼仪是一种喜庆文化

庆典庆贺礼仪，由来已久。中华民族历来以礼仪之邦著称，在数千年的文明发展中，形成了很多富蕴文化内涵、反映生活需求的礼仪文化，庆典庆贺礼仪就是其中的一个组成部分。庆典庆贺礼仪与文明的进步、社会的发展有着密切的联系，具有丰富多彩的文化象征意义，是人类对美好愿望与幸福憧憬的一种表达方式。今天，传统的庆典庆贺礼仪中已经融入了大量的现代文明理念与礼仪规范，具有新的内涵和新的形式，成为和谐社会中的一种新文化。

庆典庆贺礼仪的形成，经历了一个复杂而漫长的历史发展过程。传统的庆典庆贺礼仪与人类远古时期文明的发生发展同步。人类社会最初的文明是从刀耕火种到采集狩猎再到养殖种植而逐渐形成并发展起来的。人类认识适应与征服大自然的能力在这一过程中不断增强。由于原始社会的生产力极其低下，人的生存能力与生息繁衍，在文明的发展过程中就显得极其重要。因此，与各种时节的变化、喜庆活动相应的仪式与礼仪就形成了最早的庆典庆贺礼仪。随着时代的发展，**庆典庆贺礼仪成为传统礼仪中最隆重、最热烈的礼仪之一，也是人类祈愿生活美好、祝贺未来祥瑞、延续人类文明最常用、最快乐的仪式之一。**

中国是一个历史悠久的文明古国。数千年来，对各种喜庆活动按照一定规定和礼节进行庆典庆贺的习俗，形成了中华民族独具特色的庆典庆贺文化现象。其中展示着古往今来中国人民传承已久的习俗风情与文明观念，寄托着炎黄子孙的文化内涵与历史情感。从历史文化层次上理解，可以说，依照礼仪规范进行庆典庆贺活动，就是加强民族凝聚力和向心力的文化洗礼。

庆典庆贺礼仪，作为民族礼仪的一个重要内容，所涉及的生活领域很多。随着时代的不断进步与社会的加快发展，虽然一些传统的礼俗因脱离社会实际而渐渐消失，但所涵盖的范围却不断地扩展。在新时代、新生活中，庆典庆贺礼仪已经融入了国际通行的庆典庆贺的新内容，为现代生活增添了更多的文化品位与文明风格。

本书主要精选和编辑了人们所熟悉并常用的庆典庆贺礼仪内容。在企业庆典礼仪中，详细介绍了企业开业庆典、企业周年庆典、企业剪彩礼仪、企业交接仪式礼仪、企业签字仪式礼仪等礼仪程序与规范内容；在学校庆典礼仪中，收辑了学校开学典礼、学生毕业典礼、校庆典礼、学生成人典礼等方面的礼仪规范与程序要求；在家庭庆贺礼仪中，介绍了祝寿礼仪、贺婚礼仪、祝贺婴幼儿新生礼仪、祝贺乔迁礼仪、祝贺升学、留学礼仪、祝贺升职礼仪、建房庆典礼仪等一系列重要方面的礼仪仪式与规范要求。

由上可见，本书是一部介绍各类庆典庆贺活动的礼仪宝典，它以丰富翔实的内容对各类具体的庆典庆贺礼仪进行了解读，以使读者对我国的庆典庆贺礼仪文化及民族传统风俗有一个清楚的认识和全面的了解。

需要指出的是，**礼仪规范作为一种反映出社会文明水平与生活质量的文化现象，并不是一成不变的，也不是要求所有地区、所有民族、所有庆典都要遵循完全统一的规则。**由于地域文化的不同、社会条件的不同、民族习俗的不同、自然环境的不同以及各个社会组织和各个家庭情况的不同，庆典庆贺礼仪具有着不同的表现形式。本书只是讲述了社会上常用的庆贺礼仪的一般性知识。希望人们在学习礼仪知识中，根据实际情况灵活运用，以使礼仪更好地为创造文明生活、建设和谐社会服务。

第 一 章

企业庆典礼仪

庆典是各种庆祝活动仪式的统称，庆祝典礼的特点是热烈、隆重而欢快。在商务活动中，举办各类庆典仪式的目的，是要使社会各界对本单位有深刻的认识，同时增强本单位全体员工的凝聚力和自豪感。

庆典仪式具有很强的礼仪性，可以说，庆典仪式的成效如何，在很大程度上取决于礼仪是否规范。为了使庆典仪式达到预期目的，所有参与庆典的人员，都要熟悉庆典活动的工作流程、内容和要求，严格地按照礼仪规程办事。

一、企业开业庆典礼仪

开业典礼是一家企业（公司）或店铺在成立或开张时，经过细心策划，按照一定的程序专门举行的一种庆祝仪式。不论是城市的商家，还是农村的店主，不论是赫赫大店，还是个体小店，他们在成立或开张时，必有开业庆典。**举行开业典礼的目的是为了造成喜庆的气氛，以扩大影响，宣传自己，扩大传播范围，塑造自身良好形象**。诚然，因各商店的具体情况不同，开业典礼仪式的规模、素养和文明程度会有不同。一般来说，较大型的企业会把开业典礼当作企业提高社交水平及文化素质的一次练习，其组织者必经过精心策划，按照一定的程序举行开业仪式的。

1. 做好开业典礼的准备工作

开业典礼体现出企业或企业领导的组织能力、社交水平及其文化素质，往往会成为社会公众取舍和亲疏企业的重要标准，是企业发展的第一个里程碑。

开业庆典仪式尽管进行的时间极其短暂，但要营造出现场的热烈气氛，取得彻底的成功，却绝非一桩易事。由于它牵涉面甚广，影响面巨大，不能不对其进行认真的筹备。**准备工作认真、充分与否，往往决定着一次开业庆典仪式能否真正取得成功**。对此，主办单位务必要给予高度重视。

开业典礼的准备工作是开业仪式的基础工作。较大型的成功的开业典礼一般要从以下几个方面做好准备。

◇ 择定日期

文化素养较高的组织者是从科学的角度选择开业日期，其原则是能否让开业典礼起到最佳效果，但也有人顺从民俗，如现在流行选择有"八"的日子，如初八、十八、二十八，因为"八"与"发"谐音，这表现的是商人们对未来的祝福。乡镇还有个别的店主是沿用旧时的方法，即查看历书"开市开工营商吉课"，从中选定吉日，其中的迷信成分较浓。

◇ 传媒准备

商家利用传媒在报纸、电台、电视台广泛发布广告，或在告示栏中张贴开业启示，以引起公众的注意。这些广告或启示的内容一般包括开业典礼举行的日期、地点、企业的经营范围及特色、开业的优惠情况等。开业广告或启示一般是在开业前的 3~5 天内发布。另外，企业还可邀请一些记者在开业仪式举行之时，到现场进行采访、报道，予以正面宣传。乡镇的小店主一般是在墙上张贴开业启事。

◇ 确定参典人员

一般来讲，参加开业典礼的人士包括上级领导、社会名流、新闻界人士、同行业代表、社区负责人等。这是因为邀请这些人参加对本企业会有好处。如邀请社会名流，是为了通过"名人效应"，更好地提高本商场的知名度。邀请新闻界人士，是为了通过他们公正的报道，加深社会对本商场的了解和认同，进一步扩大其社会影响。

◇ 寄柬发函

出席开业典礼的人员一旦确定，一般是提前一周发出请柬，便于被邀请者及早安排和准备。请柬有去商店购买的，也有自己印制的。发出前认真工整填写好应该填写的文字。一般的请柬是通过邮局邮寄，给有名望的人士或主要领导的请柬则派专人送达，以表示诚恳和尊重。有的邀请者为表示自己的慎重热情，也发送邀请信，邀请信与普通书信样式相仿，但讲究内容完整，文字简洁，措词热情诚挚。视是否需要，有的在请柬或邀请信后注明"请示复为盼"一类文字，使受邀者在可能的情况下向主人示复是否接受邀请。

◇ 环境布置

开业典礼一般在商场、店铺的门口举行。为了烘托出热烈、隆重、喜庆的气氛，要在现场悬挂"××商场开业典礼"、"××公司隆重开业"的横幅，两侧布置一些来宾送的贺匾、花篮、盆花，会场四周的上空悬挂彩灯、气球，气球下面悬挂巨幅标语，迎风飘荡，以示壮观。

◇ 拟定典礼程序和接待事项

负责签到、留言、题辞、接待、剪彩、鸣炮、奏乐以及摄影、录相等有关服务工作的人员，应及时到达指定岗位，按照典礼程序有条不紊地进行工作。

◇ 确定剪彩人员

参加剪彩的除主办方负责人外，还应在宾客中邀请地位较高，有一定声望的知名人士同时进行剪彩。

◇ 拟写贺词或答辞

事先确定好致贺词的宾客名单，并为本单位负责人拟写答辞。**贺词和答辞都要言简意赅，达到沟通感情，增强友谊的目的。**

◇ 安排庆祝节目

开业典礼一般需要安排一些必要的庆祝节目，以创造热烈欢快的气氛。☛庆祝节目，最好由本企业员工担任，这样可以培养员工当家作主的精神和职工自豪感。本企业没有这方面人才，也可以邀请外单位的人前来助兴。

礼仪提醒

开业典礼以宣传企业、扩大知名度、塑造自身良好形象为目的，当本着热烈、隆重、欢快和节约的原则进行，力戒铺张浪费和盲目比阔。

2. 开业典礼的基本程序

开业典礼一般都按约定俗成的形式举行。**开业典礼活动大致是三段式，即开场、过程、结局。**可奏乐或播放节奏明快的乐曲；也可以安排助兴节目，营造热烈欢快的喜庆气氛。在典礼进行过程中可以安排锣鼓、舞狮耍龙等节目，还可以表演一些小型民间歌舞。在非限制燃放鞭炮的地区，可燃放鞭炮庆贺。一般情况下，应按照如下典礼程序进行。

◇ 典礼开始

主持人宣布开业典礼正式开始，全体起立，鸣放鞭炮，奏乐。

◇ 由主持人介绍来宾

主持人在介绍各位来宾时应遵循由职位高到职位低者、先长后幼、先女后男的礼仪顺序，介绍时应将来宾的姓名、身份及职务、单位以及与本企业的关系准确恰当地进行表述。态度应热情友好，语言清晰明快，不要使用易产生歧义的简称。

◇ 致贺词

由上级领导或来宾代表致祝贺词，主要表达对开业单位的祝贺，祝其生意兴隆。贺词应言简意明、热烈庄重、真诚祝愿、友好善意，切忌信口开河，长篇大论。发言结束，再一次播放轻松明快的乐曲，以增加气氛。整个讲话仪式应紧凑简洁。

◇ 致答词

由本企业负责人致答词。其主要内容是向来宾及祝贺单位表示感谢，并简要介绍本单位的经营特色和经营目标等。

◇ 揭幕或剪彩

揭幕是由本企业负责人、上级领导以及重要嘉宾行至彩幕前恭立，由礼仪小姐将开启彩幕绳索交给各位揭幕人手中，随后众人揭去盖在牌匾上的彩幕。剪彩的彩带通常是用红绸制作的，剪彩前应事先准备好剪刀、托盘和彩带。剪彩时，由礼仪小姐拉好彩带。端好托盘，剪彩者用剪刀将彩带上的花朵剪下，放在托盘内。这时，场内应以掌声表示祝贺。

典礼完毕，宜安排些气氛热烈的庆祝节目，如敲锣打鼓、舞狮子、播放喜庆音乐，或举行文艺演出等。

◇ 参观座谈

典礼仪式结束后，主人可引导来宾进入本企业内参观，并介绍本企业的主要设施、特色商品、经营打算并征询意见，以融洽与各界人士的关系。这也是让上级、同行和社会公众了解自己的产品或商品的好机会。**也可与来宾进行简短的座谈，或请来宾在留言簿上留言签字和合影留念。通**

过座谈和留言的形式广泛征求意见，并尽快将意见和建议综合整理出来，以达到总结经验，鼓舞士气的目的。

◇ 欢迎首批顾客光临

若是商场开业，典礼结束后即正式对外营业。商场领导和营业员应恭敬地站在门口迎接首批顾客光临。对刚开业的首批顾客，营业员更应注重售货礼仪，适时说声"欢迎光临"等表示感谢的话。还可准备一些印有开业典礼字样的购物袋，赠给顾客，以作纪念。

◇ 举行招待酒会或文艺演出

重大的开业典礼往往还要举行招待酒会，招待出席开业典礼的来宾与出席人员，甚至邀请文艺团体前来演出（可以组织本企业的员工经过节目排练进行演出）。

总之，开业典礼的形式及程序并不十分复杂，但要办得热烈隆重，丰富多彩，给人留下深刻的、良好的印象，一定要重视其中的礼仪细节。

礼仪提醒

为举办好开业典礼，有关负责人和直接责任人应做到准备充分，严格礼仪程序。如果在程序安排和具体接待的关键环节上出现纰漏，不但会破坏典礼，还会影响本企业的形象，其损失是无法弥补的。

3. 布署好开业典礼的现场

开业典礼是一次树立企业形象、扩大社会影响力难得的机遇。要达到开业典礼的这一目的，一项重要的礼仪要求就是要做好开业典礼的场地布置工作。

举办开业典礼仪式的多在开业现场，一般设在企业或商场正门门口。现场布置要突出喜庆感，渲染热烈气氛。一般要悬挂"×开业庆典"的会标。准备好音响、照明设备，排列好花篮，使场地显得隆重、热烈。会场四周可挂彩带、宫灯，放气球等。选择场地时要注意地势空阔，以便容纳观众。如果对交通有所影响，要事先取得有关管理部门的同意。

按惯例，举行开业仪式时宾主一律站立，故一般不布置主席台或座椅。为显示隆重与敬客，可在来宾尤其是贵宾站立之处铺设红色地毯，并在场地四周醒目之处摆放来宾及兄弟单位赠送的花篮、牌匾。来宾的签到簿、本单位的宣传材料、待客的饮料等，亦须提前备好。也可准备一些价廉物美的具有纪念性、宣传性、独特性的纪念品。物质准备既要隆重，又要得体。对于音响、照明设备，以及开业仪式举行之时所需使用的用具、设备，必须事先认真进行检查、调试，以防其在使用时出现差错。

4. 邀请出席开业典礼的来宾

举办开业典礼仪式的主旨在于塑造本企业的良好形象，因此，借此机会有效进行舆论宣传是必不可少的。目的是吸引社会各界对自己的注意，争取社会公众对本企业的认可或接受。

为此，开业典礼前的一项重要准备工作，就是要做好来宾邀请工作。开业仪式影响的大小，实际上往往取决于来宾的身份的高低与其数量的多少。在力所能及的条件下，一是要力争多邀请一些来宾参加开业仪式。地方领导、上级主管部门与地方职能管理部门的领导、合作单位与同行单位的领导、社会团体的负责人、社会贤达，都是邀请时应予优先考虑的重点。二是选择有效的大众传播媒介，邀请有关的大众传播界人士在开业仪式举行之时到场进行采访、报道，以便对本单位进行进一步的正面宣传。**其内容多为：开业仪式举行的日期、开业仪式举行的地点、开业之际对顾客的优惠、开业单位的经营特色，等等**。为此要遵循的礼仪程序有两项。

◇ 精心拟定出席典礼的宾客名单

首先通过调查研究，要精心拟出宾客的名单，经领导审定后，印制成精美的请柬，并提前两周左右的时间寄送给宾客。活动前三天再电话核实，看有无变动；对贵宾在活动前一天再核实一次。一般邀请宾客的范围如下。

● 上级领导。邀请他们参加主要是为了感谢给予单位的关心、支持。

● 社会名流。通过"名人效应"，更好地提高本单位的知名度。

● 新闻界人士。通过他们公正的报道，加深社会对本单位的了解和认同，进一步扩大单位的社会影响。

● 同行业代表。请他们来表明希望彼此合作、促进本行业共同发展的愿望。

● 公众代表。通过他们搞好企业与社会区的关系，让更多的人关心、支持本企业的发展。

◇ 将拟定好的名单以正规的形式送达

为慎重起见，用以邀请来宾的请柬应认真书写，并应装入精美的信封，由专人提前送达对方手中，以便对方早作安排。在开业前还要安排专人核实确定。

5. 参加开业典礼的礼仪要求

无论是主办方还是参与的来宾，在参加开业典礼时都有一定的礼仪规范要求。严格遵守其礼仪要求，是成功举办开业典礼的重要保障。

◇ 主办方的礼仪要求

对于开业典礼的组织者来说，整个仪式过程都是礼待宾客的过程，从企业负责人到一般工作人员，每个人的仪容、仪表、言谈举止都关系企业的形象。**假如有的人在仪式中精神风貌不佳，不讲究穿着打扮，行为举止不当，很容易给本单位的形象带来负面影响**。因此，作为开业主办方的出席者，在参加开业典礼时必须注意符合礼仪的规范要求。

①仪容整洁得体。所有出席本单位典礼的人员，事前都要做适当的修饰，女士要适当化妆，男士应梳理好头发，剃掉胡须。任何人不得蓬头垢面、胡子拉茬，给单位的形象抹黑。

②服饰规范统一。有条件的单位最好着统一式样的服装，没有条件的，应要求每个人穿着礼仪性服装，即男士穿深色西装或中山装，女士穿深色西装套裙或套装。绝不能在服饰方面任其自然，给人很凌乱的感觉。

③准备充分，服务周到。请柬的发放应按时，不得有遗漏。席位的安

排要讲究，一般按身份与职务高低确定主席台座次及贵宾席位。为来宾准备好迎送车辆等。

④遵守时间，准时开始和结束。出席本企业开业典礼的每一位工作人员都应严格遵守时间，不得迟到、无故缺席或中途退场。如果仪式的起止时间已经公布，主办单位应准时开始、准时结束，向社会证明本单位是言而有信的。

⑤态度友善，举止文明。主办方的所有工作人员遇到来宾要主动热情地问好，对来宾提出的问题应予以友善的答复。当来宾发表贺词后，应主动鼓掌表示感谢，不能起哄、鼓倒掌，不能随意打断来宾的讲话、向其提出挑衅性质疑，或是对来宾进行人身攻击。

主办方人员还要注意举止得体，可以充分展示本单位文明礼貌的良好风范。典礼过程中，主办方人员不得追逐打闹，不得做与典礼无关的事。不要东张西望，一再看时间，表现得心不在焉。

◇ 到会来宾的礼仪要求

参加开业典礼的宾客也要注意自己的礼貌礼节，避免因此失礼而影响开业典礼实现预期目的。

①准时到场。作为受邀嘉宾，准时守约是应有的礼仪表现。确有特殊情况不能到场，应尽早通知主办方，以免辜负主人的盛情，并给典礼安排带来不必要的麻烦。

②表示祝贺。宾客在开业典礼前或开业典礼时，可送些贺礼，如花篮、镜匾、楹联等以表示对开业方的祝贺，并在贺礼上写明庆贺对象、庆贺缘由、贺词及祝贺单位。**到了现场后，见到主人应向其表示祝贺，并说一些吉语。**

③举止文明。嘉宾入座后应礼貌地与邻座打招呼，可通过自我介绍、互换名片等方式结识更多的朋友。在典礼上致贺词时，要简短精练，不能随意发挥、拖延时间，而且要表现得沉着冷静、心平气和，注意文明用语，少用含义不明的手势。在典礼过程中，宾客要根据典礼的进展情况，

做一些礼节性的附和，如鼓掌、跟随参观、写留言等。

④礼貌告别。典礼结束后，宾客离开时应与主办单位的领导、主持人、服务人员等握手告别，并致谢意。

6. 商业贺联的撰写礼仪

祝贺商店开张的对联，除了采用一些各类商店都可用的通用联外，一般要切合该店的实际，将美好祝愿与经营特色融为一体，当代更重商业道德的承诺。兼具礼仪和实用特点的各类商业对联，会给商店的形象增添些风雅气氛，给顾客带来美好的享受，亦可借此作经营宣传和扩大影响，带有广告的功用。

相传乾隆皇帝一年除夕夜，脱去龙袍，换上便服，到大街巡视，他见一鞋店没春联，经打听，方知店主因生意不好，无心张贴。乾隆于是略加思考，提笔赠了一副趣联："大檀头，小檀头，打出穷鬼去；粗麻绳，细麻绳，引进财神来。"横批是："鞋店兴隆"。故事传开，人们纷纷前来观看，店主殷勤接待，鞋店生意果然兴隆起来。

如今，庆贺商店开张的现成对联很多，可按各自及对方的具体情况选用。这里推荐一些较好的颇具时代气息的贺联。

◇ 通用贺联

公平交易	鸿图大展	公平有德	隆声远布	春阳乍暖
信誉往来	裕业有孚	和气致祥	兴业长新	伟业初开
兴隆大业	盈余得利	吉祥开业	货如轮转	万商云集
昌裕后人	奉富多财	大富启源	客似云来	兴业日新
开业逢盛世	生意似春笋	生意如春意	昌期开景运	
发财有今朝	财源如春潮	财源似水源	泰象启阳春	
货好门若市	美精畅销路	生意春前草	恒心有恒业	
心公客常来	价廉称客心	财源雨后泉	隆德享隆名	
生意如春意	昌期开景运	百货如云集	价廉销路广	
财源似水源	泰象启阳春	万川汇海流	物美客人多	

吉星常在店　柜台花似锦　生意如同春意满
祥霭喜临门　顾客面如春　财源更比流水长

友以义交情可久　生意兴隆通四海　财凭薄利多销发
财从道取利方长　财源茂盛达三江　店向春风晓日开

货凭万客千家选　三尺柜台风月好　五湖寄迹陶公业
门向四方八面开　四方顾客友情深　四海交游晏子风

一点公心平似水　百货风行财政裕　根深叶茂无疆业
十分生意稳如山　万商云集市声欢　源远流长有道财

财源茂盛凭周转　门市笑纳远近客　红杏一枝开店外
生意兴隆靠竞争　柜台喜迎城乡宾　春风满面待君来

满面春风迎客至　财源滚滚如君意　货有高低三等价
四时生意在人为　文明待人舒客心　客无远近一般亲

文明经商购销两旺　经之营之财恒足矣
礼貌待客童叟无欺　悠也久也利莫大焉

三尺柜台百问不厌　骏业丰张财占大有
一双巧手千挑何妨　意图式焕利协同人

东风利市春来有象　风律新调三阳开泰
生意兴隆日进无疆　鸿猷丕振四季亨通

百问不烦百拿不厌　基业宏开懋迁有术
笑容常在笑口常开　货财恒足悠久无疆

◇ 百业贺联

（1）百货
两厢锦绣藏百货　货纵零星百桃不厌
一店春风暖万家　物无大小一应俱全

（2）纺织
欲知世上经纶美　凤吐丝纶成五彩　紫白红黄皆悦目
且看厨中锦绣花　龙蟠锦绣灿千花　毛棉丝绦总因时

不惜春光明锦绣　　经纶事业从针下　　美富文章云蒸霞蔚
曾经晓日焕丝纶　　锦绣文章在掌中　　经纶事业锦簇花团

（3）鞋帽

岁月能习焉　　礼宾常脱帽　　脱帽无心惊露顶
登云可代梯　　得意便弹冠　　飞身或恐化为龙

人有男女老幼　　未必安行皆白足　　游山直上添豪兴
冠分春夏秋冬　　可能平步上青云　　踏月归来少俗尘

（4）化妆品

雪花资润泽　　鬓影钗光添丰采
香水溢芬芳　　雪花露水馥春风

蝶粉香迷白　　百美图中姿润色
燕脂色润红　　众香国里展英姿

粉蝶迷香栩栩入梦　　香送春风令我醉
燕脂润色飘飘欲仙　　粉添花气袭人来

（5）珠宝、首饰

异器莹莹似宝　　四时垣满金银器　　金柳若摇莺欲语
珍禽栩栩如生　　一室常凝珠宝光　　银花如绽蝶疑飞

琢玉能为器　　尽如人意花常好　　翠玉真金凝宝树
点石可成金　　巧夺天工蝶也迷　　华珠美店绽银花

钗钿护云鬓　　知君家吉星高照　　诚实经商商大展
珠宝斗新妆　　来我室喜气将临　　文明待客客常临

（6）钟表

二十四时凭我报　　千秋事业千秋志
能于细处永精确　　一寸光阴一寸金

万千百事任君行　　刻刻催人珍事业
惯与时间较短长　　声声劝尔惜光阴

（7）灯具

不愁夕照去　　白昼凭君装画阁
自有夜明珠　　良宵照尔上书山

满室如白昼　光耀九天能夺月

流光斗月辉　辉煌一室胜悬殊

（8）眼镜

悬将小日月　江山澄一色

照彻大乾坤　日月焕重光

但愿得来心共照　好句不妨灯下草

自然看后眼同明　高年能辨雾中花

察及秋毫如照烛　远近模糊皆登快境

看来老眼不生花　重光日月幸遇昌时

（9）糖果、食品

含饴呼稚子　金酥呈滑腻　甘甜堪适口

掷果笑狂生　银馅杂膏腴　香味欲醪牙

尝来皆适口　食蔗高年乐　沉李浮瓜消暑气

食后自清心　含饴稚子欢　黄橙绿杏入新诗

兼色香味若原生果　鲜菊红柑奇香可挹

贮桃李梅作瓮中春　雅梨大枣仙晶同珍

舌上甘留消苦解辣　品种齐全桃李梅皆有

口中津满快意提神　价格优惠色香味俱佳

（10）酒店

闻香下马　干杯可口　五斗助兴　长剑一杯酒

知味停车　一盏清心　千杯壮怀　高楼万里心

人我皆醉　举杯邀月　味招云外客　举杯歌盛世

天地一瓯　把盏成诗　香引洞中仙　对酒话丰年

世间无此酒　梅花香锦砌　清凉胜果汁

天下有名楼　旭日漾金樽　醇厚似琼浆

水如碧玉山如黛　杏花村外千家醉　此即牧童遥指处

酒满金樽月满楼　竹叶杯中十里香　何寻太白醉吟楼

杨柳晚风三杯酒　华堂雅乐迎嘉客　贮有春夏秋冬酒
桃花潭水千尺情　风味香醪聚美珍　醉倒东西南北人

玉井秋香清泉可酿　和气春风人尽醉　刘伶借问谁家好
洞庭春色生意同佳　明窗静几客长留　李白还言此处佳

（11）雨具
雨中能剪韭　任是滂沱淋大道
雪里可寻梅　偏能坦荡到光天

铁骨根根顶风雨　霖雨春多哪怕乌云盖顶
绢花朵朵迎骄阳　长途夏热何愁烈日当头

（12）油漆
有光皆可鉴　金碧丹青资色泽
其固比于胶　门闾楹桷放光华

润及轻舟水波不入　此是春华秋实事业
光生朽木风雨难侵　并非东涂西抹文章

（13）竹木器具
佳木由来堪作器　密林深处婆娑舞
良工自古不遗材　巧匠手中妙态生

莫道斗笤何足道　竹木而外有余利
须知箪食亦堪称　崖壑之中无弃材

（14）陶瓷
金玉不惭尔质　光润同珠玉　雨过天青千古色
方圆各范其形　调和若鼎铛　花留水彩四时春

品绿评红用资润色　满店陶瓷皆十亿人生活所系
调朱和素增益光华　百般工艺是五千年传统相承

（15）文房四宝专店
展开秦岭月　挥毫列锦绣　薛家新制巧
题破锦江云　落纸如云烟　蔡氏旧名高

云烟落笔光华耀　华阳墨水和丸妙　紫玉池中含雨露
胶漆和香气味馨　蜀国乌煤落纸香　白银笺上走龙蛇

经营纸笔墨砚　古纸硬黄临晋帖　玉露磨来浓雾起
诚待士农工商　新笺匀碧录唐诗　银笺染处淡云生

艺圃乍惊龙化石　一气呵成凭运腕　鸡距鹿毛花开五色
学林又喜凤窥池　五更梦处顿生花　鼠须麟角力扫千军

（16）书画店
欲知千古事　图书腾凤彩　藏古今学术瑰宝
须读五车书　文笔若龙翔　聚中外文化精华

远求海内珍藏本　珍共图书争辉东壁　丹青今古留真迹
快读当今畅销书　林成翰墨游艺西园　翰墨因缘壮大观

锦绣成文原非我有　纸上纵毫三山五岳　参天有势松可健
琳琅满目惟待人求　雪中缀景百态千姿　肖物能工木可妍

（17）乐器店
和声鸣盛世　韵寄高山流水　流水高山诉诸知己
雅乐庆升平　调追白雪阳春　金声玉振集其大成

琴唱瑟和留古调　高音低音集各族人民风采
客来商往尽知音　声乐器乐焕中华传统文明

（18）旅馆
君行且止　未晚先投宿　进门俱是客
宾至如归　鸡鸣早看天　到此即为家

石池春暖人皆乐　喜待东西南北客　茅店月明鸡唱早
水阁冬温客尽欢　献出兄弟姐妹情　板桥雪滑马行迟

迎八面春风入院　挚意挚情是故友　乡梦不随春意永
接四方宾客归家　问寒问暖胜君家　客思偏向雨声多

（19）饮食店
烹煮三鲜美　胜友光临可遵食谱　美酒招来豪客饮
调和五味香　高朋雅集任选山珍　佳肴具备众宾尝

饭热菜香春满店　冷拼凉拌质优价廉　一塌清香留醉枕
窗明几净客如云　煎炒炸溜味美可口　千家欢笑送余杯

壁悬菜谱凭挑选　白米为软莫嫌樽酒淡
座列盘餐好品尝　山肴作馔还是菜根香

（20）茶馆

松涛煮雪消诗梦　九曲夷山采雀舌
笔院浮香荡文思　一溪活水煮毛尖

香分花上露　客至心常热　凝成云雾质
水汲石中泉　人走茶不凉　飘出露晨香

为爱清香频入坐　翠叶烟腾冰碗碧　只缘清香多清趣
欣同知己细谈心　绿茗光照玉瓯清　全因浓酽有浓情

（21）浴室

共沐一池水　石池春暖人宜浴
分享四季春　水阁冬温客尽欢

汤隶里有浮沉客　到此皆洁己之士
温室中多康健人　相对乃忘形之交

（22）照相馆

撮将真影去　留得本来真面目
幻出化身来　映成绝世好风姿

体态须眉都活泼　常留俊美春风面
心神毫发不参差　聊解兼葭秋水思

绘色绘香绘声绘影　弹指间留得青春如画
有山有水有物有人　方寸内摄来风韵诱人

（23）理发店

刮来名士相看目　烫发推头除旧貌　逢人皆体面
修出诗人自捻须　吹风修面换新容　见我尽升冠

虽云毫发技艺　入门尽是弹冠客　角艺每求新面目
却是顶上功夫　出店应无搔首人　论人岂不重须眉

磨砺以须功夫娴熟　不教人发催人老　进店时虬髯太岁
及锋而试技艺高超　更喜春风满面生　出门去白面书生

（24）缝纫、服装

剪绿裁红装春色　　时装由我精心制　　云锦托出一轮月
挑花绣朵美仪容　　美服凭君任意挑　　时装拥来万朵花

金剪裁成丹凤舞　　敢谓金针能度世　　肥瘦短长皆有度
银针引出彩鸾飞　　莫夸玉尺可量才　　表里精细是其能

制作维新翻花样　　寒衣熨出春风暖　　衣人德自暖
裁量有度合时宜　　彩线添来夏日长　　被世岁无寒

万线千针化作美中旋律　　精心裁云锦
三刀两剪裁出身上春秋　　妙手剪春光

（25）绣服

度得鸳针如此巧　　花随玉指添颜色
绣将彩凤自成文　　声引秋丝逐晓风

（26）戏服

象服华装成古趣　　新装尽合梨园谱
霓裳妙舞助仙容　　妙制裁成菊部衣

（27）医药卫生

杏林春暖　　筠圃无凡草　　杏林三月景
枯井芳流　　松窗有秘方　　桔井四时春

人期勿药有喜　　细致虫鱼笺尔雅　　药以四时分表里
我自于心无欺　　广收草木续离骚　　脉从六部辨沉浮

但愿世间人无病　　花放杏林辉晓日　　身体弱多锻炼便好
何愁架上药生尘　　药生兰室动春风　　药品精少服用为佳

牵牛子耕遍生地熟地　　大将军骑海马身披穿山甲
白头翁采过金花银花　　红娘子坐车前头戴金银花

7. 送花及开业花篮贺词佳句

贺开业适宜送的花卉：万年青象征四季常绿；月季代表兴旺通达；太

阳菊表示欣欣向荣；桃花象征好兆将至；火百合代表喜气洋洋，牡丹代表富贵昌盛；山毛榉树象征昌盛、兴旺，向日葵代表尊重、显赫。

祝朋友进取适宜送的花卉：美人蕉代表坚实厚重；海芋象征热情洋溢，黄杨代表坚强、执著；款冬代表伸张正义，冷杉树象征高尚；茴香表示潜力无穷，桂枝代表才识渊博；棕榈象征旗开得胜，鸟不宿表示慎重、小心，红丁香象征勤勉刻苦；菟丝子示意拼搏向上；鸟不宿、红丁香、菟丝子组成花束意思是"望君努力，定能成功"！

此外，**庆贺开业所赠送的花篮上，一般应附上一些贺词佳句。** 下面选取了一些。

敬贺开张，并祝吉祥。

吉祥开业，大富启源。

永隆大业，昌裕后人。

隆声援布，兴业长新。

恭喜发财，开业大吉。

恒心有恒业，隆德享隆名。

昌期开景运，泰象启阳春。

恭祝开业大吉，黄金遍地。

财源滚滚达三江，生意兴隆通四海。

门迎晓日财源广，户纳春风喜庆多。

根深叶茂无疆业，源远流长有道财。

祝福贵店开业大吉，生意红红火火。

物质文明称巨子，商情豁达属先生。

生意如同春意满，财源更比流水长。

东风利市春来有象，生意兴隆日进无疆。

一马百符，商人爱福；七厅六耦，君手维新。

经之，营之，财恒足矣；悠也，久也，利莫大焉。

相宅而居，骏业开张安乐土；多财善贾，鸿名共仰大商家。

一束鲜花，一份真情，一份信念，祝开业吉祥，大富启源。

愿您的生意，高朋满座。生意兴隆，广聚天下客，一揽八方财。

二、企业周年庆典礼仪

周年庆典活动，是企业为庆祝成立周年纪念日时而举行的一种公共关系专题活动。一般企业的周年庆典活动，通常是逢五、逢十进行的，即在本单位成立五周年、十周年以及它们的倍数时进行。对企业而言，在成立周年纪念日，按照礼仪程序举行具有一定规模的形式隆重而又热烈的庆典活动，对宣传企业、提高企业知名度具有十分重要的作用。

1. 做好周年庆典的策划工作

高质量的策划方案，是圆满举办企业周年庆典活动的前提。策划就是为了使企业庆典活动取得预期目标，从而进行构思、设计、拟订合理可行的方案。涉及的内容包括主题选定、时间地点、流程安排、组织协调、公共关系、媒体报道等。

◇ 确定企业周年庆典的主题

对于庆典的主题，企业负责人应在企业内外广泛征求意见的基础上，通过充分沟通，明确企业举办十周年庆典的主要目的，再根据社会环境、人文环境等因素来确定活动的主题。在做策划方案时内容紧紧围绕着主题展开。**以庆祝为中心，把每一项具体活动都尽可能组织得热烈、欢快而隆重。**不论是举行庆典的具体场合、庆典进行过程中的某个具体场面，还是全体出席者的情绪、表现，都要体现出红火、热闹、欢愉、喜悦的气氛，以达到周年庆典的目的：塑造本企业形象，彰显本企业的实力，扩大本企业的影响力。

◇ 选择周年庆典的时间和地点

企业选择周年庆典活动的时间，应着重考虑到企业的行业特点、主要嘉宾和领导是否能够准时参加，大多数目标公众是否能够参加，活动效率最高时间段等，此外还注意天气变化，尽量避开节假日等综合因素。结合企业的具体成立日期以庆典实际达到的效果来确定会议时间如何安排，保证充分的准备时间，会前共同协商到位。

举行周年庆典仪式的现场是整个庆典活动的中心，其安排、布置是否恰如其分，往往会直接关系到庆典留给全体出席者的印象好坏。企业在选择具体地点时结合周年庆典的规模、影响力以及本公司的实际情况。本企业的礼堂、会议厅，门前的广场，以及外租会场等，均可以作为场地备选。如果在室外举行庆典时要注意因地点选择不要制造噪声或妨碍交通、治安。

◇ 拟定活动流程

在确定了周年庆典的主题的前提下，就要科学拟定庆典活动流程。通常企业周年庆典活动的一般流程：请来宾就座，介绍嘉宾→宣布庆典正式开始，全体起立，奏乐→本企业主要负责人致辞→邀请嘉宾讲话→安排文艺演出→邀请来宾参观或其他活动。由于每个企业的情况不同，因此，周年庆典活动的内容和流程因活动内容不同而不同，企业可以根据自己的实际需要缩减或扩充活动内容，也可以利用表格等详细列出。

◇ 确定出席周年庆典的来宾名单

在确定企业周年庆典活动出席来宾的名单时，应注意邀请对象要尽量全面，并考虑到有利于企业今后的发展。一般受邀对象的范围应包括相关领导，社会名流，同行人士，员工代表，新闻记者等。

礼仪提醒

来宾落实后，应根据确定的名单制作请柬，一丝不苟地拟写内容，折好，套封皮、系丝线，盖章，蒙信封，按照嘉宾地址核对无误后将请柬寄出。随后，有关工作人员应按照名单逐一联络询问是否收到，对方是否光临，并把得到的反馈信息，仔细地在名单备注一栏里写清楚。

◇ 制作周年庆典的活动经费预算

制作经费预算是顺利实施企业周年庆典活动的基本保障。企业要按照节俭、高效的原则，根据周年庆典的规格和规模制定可行的经费预算。**做经费预算时考虑包括租场费、印刷费、会场布置费、茶点费、礼品费、文具费、邮费、电话费、交通费等。**

根据需要向来宾赠送的礼品应符合三个要求：一是有利于宣传，可选用本企业的产品，也可在礼品及其包装上印本企业的标志、广告用语、产品图案、开业日期等；二是增加荣誉性，要使礼品具有一定的纪念意义，并使拥有者对其珍惜、重视，并为之感到光荣和自豪；三是具有独特性，礼品应当与众不同，具有本企业的鲜明特色，使人一目了然，或令人过目不忘。

◇ 拟定周年庆典活动的应急预案

再完整周密的策划方案，都难以保证企业周年庆典过程中不会发生紧急和意外的情况，打乱原有的安排。因此前还要制定一套严密的应急方案，对策划方案的各个环节进行认真的检查，如安全通道是否通畅、设备隐患是否检查、消防通道是否畅通、应急的组织和人员是否到位、应急的车辆是否准备停当、指挥沟通系统是否灵敏等，在充分考虑庆典活动进行中可能出现的意外情况后，应拟定活动应急预案，包括可能出现的意外情况、处理方法、负责人及联系方式等。只有这样才能保证在企业周年庆典活动中面临突发状况的时候从容应对，保证万无一失。

延伸阅读：

企业周年庆典与一般庆典的不同之处

企业周年庆祝仪式为达到宣传自我、树立形象的目的，还可以形式多样，搞得生动活泼，与众不同。企业周年庆典与一般的庆祝典礼不同的是，通常都备有纪念册，通过文字、图片、图表等全面介绍该组织的情况和主要产品以及未来设想。从中可以看到它的发展过程。纪念刊有助于树立企业形象，可作为纪念宣传礼物送给来宾、新闻媒介人员。

另外，还可专门制作有纪念意义的礼品发给来宾，如纪念章、印有本单位庆典活动字样的茶杯、毛巾、T恤衫、提包等。

还可以搞"×周年成就展览",对该单位集体或个人取得的成就加以集中宣传,实物、文字图片、幻灯、录像等手段都可以加以利用,备有专人负责接待参观,具体礼仪事项可参照"展览会"。

2. 成立周年庆典筹备机构

企业周年庆典活动筹备工作内容繁多,各项工作互相衔接,相互联系,彼此交叉,必须统筹安排,因此组织、沟通和协调非常重要。筹委会的具体工作首先应制定一份详细可行的周年庆典活动筹备进程时间表。这份表应是在对庆典活动整个过程进行精心的研究和计划之后而制定出来的。**要求各个工作组严格遵守筹备工作进度表落实执行,是保证企业周年庆典如期顺利进行的重要保障。**

为了确保筹备工作顺利完成,很多企业都会成立筹委会来及时协调、组织各项筹备工作,提高筹备工作效率,筹委会还会根据庆典活动需要和具体要求下设各工作组。从各个方面、各个环节对整个庆典活动分头把关。在公关、礼宾、财务、会务、报道等各方面"分兵把守",各管一段。每个工作组安排一名专职负责人,并根据具体需要安排数名工作人员。考虑到公司领导对此次庆典活动的重视,筹委会负责各工作组的统一协调和总体指挥。

企业周年庆典的筹备机构组成之后,应由企业负责人召集大家开会,进行机构分工和人员落实,包括与会议有关的各项组织工作,每个工作环节都有专人负责,责任到人,分工合作。会务组织分工包括文件起草和准备、会务组织、会场布置、会议接待、生活服务(含娱乐活动安排)、安全保卫、交通疏导、医疗救护等,在庆典活动筹备会上会务筹委会各工作组明确各自任务和要求。**一般情况下各工作组成员是分散办公,筹委会应定期组织各组长和核心人员召开会议,总结阶段性进展,反馈困难和提出需要其他成员配合协助的工作。**筹委会的工作例会根据会务规模和距庆典时长等综合决定,在庆典活动举办十天以前,可以每周召开例会,在活动前十天以内，需要每两三天召开例会，活动前三天每天召开例会。各工作组内部根据自己的情况单独召开讨论会议，定期总结汇报工作、讨论问题。日常的问题可以随时通过邮件、电话等方式交流沟通。

发布和宣传企业周年庆典活动

举办企业周年庆典活动，是一次扩大公关宣传影响力，提高企业知名度的有利契机。因此企业要抓住这难得的机遇做好舆论宣传工作，建树企业正面的社会形象。其主要形式一是充分利用大众新闻媒体发面具信息开展舆论宣传工作。二是在企业建筑物周围设置醒目的条幅、广告、宣传画等，内容包括庆典举行的日期、地点、企业的经营范围及特色等。**一般安排在庆典前的 3~5 天内发布**。三是邀请一些记者，在庆典仪式举行之时到现场进行采访、报道，予以正面宣传。做好上述工作，要注意两个重要的要求。

◇ 认真审核所要发布的信息，是否符合规定满足企业需要

①审核庆典活动的新闻稿。与新闻媒介接触，一般需要公共宣传人员提供新闻稿件。因此，负责宣传人员必须具备新闻写作的基本知识与技巧。报送、审核庆典活动的新闻稿时要重点关注，所以报道的信息是否客观属实；是否为广大受众所关心而未知的；是否简明扼要，精悍凝练也传达了最多的信息；是否抓住了公众的注意力，能够吸引公众继续阅读；是否注明了庆典活动标志、主题以及主办者。

②审核提供给新闻单位的图片、表格和音像资料。对于提供给新闻单位的图片、表格和音像等方面的资料要加强审核，特别是涉及知识产权、商业秘密内容的资料更是要认真把关。以免因失误造成企业的负面影响。

◇ 认真选择发布信息的媒体

做好这项工作要考虑媒体与企业的适应性。发布会议信息的人员在选择媒体时要了解各种媒体需求的重点和偏好。会议组织者要清楚不同的媒体各自需要什么类型的新闻。**电子媒体和报纸通常很注重新闻的及时性，而杂志则对那些有深度的过往新闻比较感兴趣。**日报和电视有时也可能使

用一些没有时间性的新闻。

 在选择媒体时要兼顾新闻的覆盖面、受众群体、费用和时效。同时，要尽量邀请与本企业关系良好的媒体。

4. 布置好庆典仪式中的会场

组织和举办好企业周年庆典活动，企业不仅要根据庆典的规模、影响力及本企业的实际情况选择合适的地点，而且要精心布置好举行周年庆典仪式的现场。

举行庆祝仪式的现场，是庆典活动的中心地点。**对会场的安排、布置是否恰如其分，往往会直接地关系到整个庆典活动的成败**。依据庆典礼仪的有关规范，企业活动与负责的工作人员在布置举行庆典的现场时，需要从以下几方面着重考虑。

◇ 选对地点

在选择具体地点时，应结合庆典的规模、影响力以及本单位的实际情况来决定。本单位的礼堂、会议厅，本企业内部或门前的广场，以及外借的大厅，等等，均可相机予以选择。不过在室外举行庆典时，切勿因地点选择不慎，从而制造噪声、妨碍交通或治安，顾此而失彼。

◇ 美化环境

在反对铺张浪费的同时，应当量力而行，着力美化庆典举行现场的环境。为了烘托出热烈、隆重、喜庆的气氛，可在现场张灯结彩，悬挂彩灯、彩带，张贴一些宣传标语，并且张挂标明庆典具体内容的大型横幅。如果有能力，还可以请由本企业员工组成的乐队、锣鼓队届时演奏音乐或敲锣打鼓，热闹热闹。但是这类活动应当要适度，不要热闹过了头，成为胡闹，或者"喧宾夺主"。千万不要请少先队员来扮演这类角色，不要劳动孩子们为这类与他们无关之事而影响其学业。

◇ 大小适当

会场大小与到会人数应相称，如果会场太大而到会人数相差太远，就会空空荡荡，有一定的冷清感，影响热烈的会议效果。太小，会场容纳不了应该参加会议的人员，使许多人站着、挤着，也不妥当。在选择举行庆祝仪式的现场时，应当牢记并非愈大愈好。从理论上说，现场的大小应与出席者人数的多少成正比。也就是说场地的大小，应同出席者人数的多少相适应。**人多地方小，拥挤不堪，会使人心烦意乱。人少地方大，则会让来宾对本单位产生"门前冷落车马稀"的错觉。**

◇ 准备周全

在举行庆典之前，务必要把音响准备好。尤其是供来宾们讲话时使用的麦克风和传声设备，在关键时刻，绝不允许临阵"罢工"，让主持人手忙脚乱、大出洋相。在庆典举行前后，播放一些喜庆、欢快的乐曲，只要不抢占"主角"的位置，通常是可以的。

礼仪提醒

对于播放的乐曲，应先期进行审查。切勿届时让工作人员自由选择，随意播放背离庆典主题的乐曲，甚至是那些凄惨、哀怨、让人心酸和伤心落泪的乐曲，或是那些不够庄重的诙谐曲和爱情歌曲。

5. 做好嘉宾的邀请与接待

企业周年庆典活动的一项重要礼仪，就是要做好来宾的邀请与接待工作。对此要做好以下几项工作。

◇ 精心确定来宾名单

企业周年庆典的出席者不应当滥竽充数，或是让对方勉为其难。确定庆典的出席来宾名单时，始终应当以庆典的宗旨为指导思想。一般来说，庆典的出席者通常应包括如下人士。

一是上级领导。邀请他们参加，主要是为了表示对上级关心的重视和感激。

二是社会名流。邀请他们将有助于更好地提高本企业的知名度。

三是大众传媒。**主动与媒体合作，将有助于宣传企业，有助于加深社会对本单位的了解和认同。**

四是合作伙伴。邀请他们是为了与本企业一起分享成功的喜悦，同时也是对长期合作的感谢。

五是社区关系。邀请与本企业共居于同一区域、对本企业具有种种制约作用的社会实体，包括居民委员会、街道办事处、医院、学校、幼儿园、养老院、商店以及其他单位等等，会使双方进一步增进了解密切往来，有利于会后的发展。

六是员工代表。企业每一项成就的取得，都离不开广大员工的兢兢业业和努力奋斗。在组织庆典时，应选择其代表参加。

以上人员的具体名单一旦确定，就应尽早发出邀请或通知。鉴于庆典的出席人员甚多，牵涉面极广，故不到万不得已。均不许将庆典取消、改期或延期。

◇ 设立庆典的接待小组

接待小组成员应由年轻、精干、身材与形象较好、口头表达能力和应变能力较强的青年员工组成。其具体工作有以下几项。

一是来宾的迎送。即在举行庆祝仪式的现场迎接或送别来宾。

二是来宾的引导。即由专人负责为来宾带路，将其送到既定的地点。

三是来宾的陪同。对于某些年事已高或非常重要的来宾，应安排专人陪同始终，以便关心与照顾。

四是来宾的招待。即指派专人为来宾送饮料、上点心以及提供其他方面的关照。

◇ 搞好接待工作

庆祝典礼的规模一般都较大。内宾外宾都有，会议组织者应当妥善做好迎送接待工作。当来宾莅临，便应由专人引入来宾室或会场。上级部门的领导，应由主办单位负责人亲自迎送。会间要准备好足够的茶水，以备与会者，特别是来宾饮用。凡应邀出席庆典的来宾，绝大多数人对本单位都是关心和友好的。因此，当他们光临时，主人没有任何理由不让他们受到热烈而且合乎礼仪的接待。**将心比心，在来宾的接待上若得过且过、马马虎虎，是会伤来宾的自尊心的。**

礼仪提醒

与一般的商务交往中来宾的接待相比，对出席企业周年庆典仪式的来宾的接待，更应突出礼仪性的特点。不但应当热心细致地照顾好全体来宾，而且还应当通过主办方的接待工作，使来宾感受到主人真挚的尊重与敬意。并且想方设法使每位来宾都能心情舒畅。

6. 参加本企业庆典人员的礼仪规范

企业周年庆典仪式是一次有目的有意义的庆祝活动。礼仪是保证庆典活动顺利达到目的的基本保证。所以，参加庆典仪式的人员都应该注意自己的礼仪规范，保证会场的井然有序，仪式的顺利进行。

◇ 主持人的礼仪规范

在庆典仪式进行过程中，主持人的礼仪表现是最受人关注的。所以，在庆典举行期间，主持人应举止端庄。在庆典仪式的过程中，主持人一定要多加注意自己的言谈举止。在发言的时候要注意礼貌用语，比如发言尽量以"大家好"或"各位好"为开始。在表示感谢时，应该郑重地欠身施礼，并且目视对方。对于大家的鼓掌，则应以自己的掌声来回礼。结尾的时候应当说一声"谢谢大家"。**在整个庆典仪式的过程中，主持人不能因为要追求热烈气氛而使用华丽的词藻，言过其实。**让人听了有些失真，影响来宾的情绪。而是应该在合乎会场气氛的前提下，尽量使用通俗易懂的语句，少用书面语，运用朴实的语言，发自内心地述说，这样会让来宾更容易接受。

◇ 企业员工礼仪规范

作为主办方出席庆典仪式的人员也应该注重自己的礼仪表现。作为东道主，在出席庆典时必须要注意以下几个方面的礼仪。

首先，要仪容整洁。参加庆典的企业员工，事先要洗澡、理发，男士应刮胡须。不允许本单位的人员蓬头垢面、胡子拉碴、浑身臭汗。

其次，要服饰规范。有统一式样制服的单位，应要求以制服作为本企业人员的庆典着装。无制服的单位，应规定届时出席庆典的本企业人员必须穿着礼仪性服装。着装应该整齐划一、整洁规范，不得任其自然、自由放任。男士应穿深色的中山装套装，或深色西装套装，女士应穿深色西装套裙，或花色素雅的连衣裙。

最后，遵守时间规定，准时开始，准时结束。所有的员工都应该准时进场。不能无故缺席或者中途退场。

◇ 参与来宾的礼仪规范

外单位人员在参加庆典时，不论是否是主办单位邀请的嘉宾，不论是以个人身份，还是以单位代表的身份而来，都要注意自己的言行举止。

在举行庆典的整体过程中，所有参与来宾都要表情庄重、全神贯注。特别是在升国旗、奏国歌的程序进行时，一定要依礼行事。此刻，不允许东张西望、乱走乱转、交头接耳、心不在焉、特立独行。

要在庆典仪式上发言的来宾，发言前走向讲台时沉着冷静、平心静气；发言时要态度谦和、讲究礼貌、表达简洁、用词准确、语调合理、语速适中、声音洪亮、满怀诚意；发言时间宁短勿长。发言一定要在规定的时间内结束，不要随意发挥，信口开河；发言时应当少做手势。含义不明的手势，在发言时坚决不用。

◇ 接待服务人员的礼仪规范

主办方的接待服务人员对待来宾的态度要友好，遇到来宾要主动热情地问好，对来宾提出的问题要立即予以友善的答复。当来宾在庆典上发表贺词时，或是随后进行参观时，要主动鼓掌表示欢迎或感谢。

延伸阅读：
庆典应产生和达到三个效应

一是引力效应。企业通过庆典活动吸引公众的注意力。引力效应是一种物理现象，其实在与会者内心深处，这种效应同样也在发生着。每个人都有自己热衷的场所：它都是一种引力超强的地带，心向所指、欲罢不能。

二是实力效应。企业通过举办大型庆典，显示企业强大的实力，以增加公众对企业的信任感。实力决定效果，特别是打造企业发展环境的"软实力"，更能够产生实力效应。

三是合力效应。企业通过开展大型庆典，能增强企业员工、股东的向心力和凝聚力，提高公众对企业的信任感。如规模效应就是合力，注意发挥"集团军"、"大兵团"作战的规模优势，整合更多有益的资源，产生更大的社会价值。

7. 做好庆典活动中的安全工作

保障企业周年庆典安全是一项十分重要的工作。要根据企业的实际需要和庆典活动的规模、内容、参加人员来确定。**如无特殊需要，由本企业的安保人员做一般性保卫工作即可。**

负责安全保卫工作的部门，应该参加庆典活动的筹备工作，根据要求制定保卫的实施计划。做好与会人员的接送保卫工作；安排会议会场、住所安全保卫工作；与交通管理部门取得联系，安排会议交通方面的保卫工作，印制会议所需的证件，如会议住所和会场出入证件、会议专用车辆通行证件等。

庆典活动的安全保卫工作，应在主办方的指定机构统一领导下进行。准备工作要做得细致而扎实、慎之又慎、不遗漏任何一个细节，特别是要有预防突发事件的应急准备，以保证在关键时刻能迅速反应，防止造成大的损失。

◇ 做好与会领导同志的安全保卫工作

与会领导同志的安全保卫工作是整个庆典活动安保工作的重点，做好这一工作的基本原则是内紧外松，既不声张、不搞大举动地公开安全保卫，以免给外界造成人为紧张局面，形成思想压力，但又不能因此松懈，造成不应有的损失。

保卫人员在领导同志活动期间，必须坚守岗位、集中精力密切注意周围环境和人员的举动，不得有丝毫松懈。但安全保卫工作又不应干扰到领导同志的工作和活动。**在执行领导的安全保卫工作期间，如遇异常情况，保卫人员要及时向领导报告，采取措施**。如遇紧急情况，要当机立断，事后再向领导报告。

◇ 做好会场安全保卫工作

会场是参加周年庆典人员集中活动的场所，人员集中，一旦出现意外，后果不堪设想。因此，保卫部门要在会前对会场内和会场外围环境做详细的勘察、调查，排除爆炸、火灾等安全隐患。要同会场辖地公安部门取得联系，了解情况，协同执行保卫工作。**保卫部门工作的侧重点应防灾会场外围环境的社会治安方面，维护好会场外围的社会秩序**。会议期间，保卫部门要严格检查与会人员的出入证件，防止与会议无关的人混入。会议期间做好沿途和所到之处的保卫。

◇ 会议住所的安全保卫工作

这一工作大体同会场的安全保卫工作相同。保卫部门要加强住所的出入证件的检查，与会议无关的人员非经允许不得擅自出入。与会人员会客要有详细的登记，特殊情况下，要经过有关部门领导的批准。同时，要对与会人员提出明确具体的要求，并严格执行。

会议住所的安全保卫工作，还包括生活方面的内容，可以和生活管理工作结合起来进行。**主要包括饮食安全、购物安全、文化娱乐安全和各种用具、设备使用的安全等**。饮食方面注意的重点是防止坏人投毒事件的发生；娱乐方面注意的重点是防止意外事故的发生，如拥挤伤人、到险地游玩等；财物方面注意的重点是与会人员携带枪支、文件和大宗款项，会议保卫部门应提供代管代存服务，防止发生丢失；用具和设备使用方面注意的重点是防止因使用不当伤人，如使用电器设备等。

三、 企业剪彩礼仪

剪彩仪式是指商界的有关单位，为了庆祝企业成立、周年庆典、开工、开张、开业建筑物落成与启用、道路或航道的开通、展会开幕等而举行的一项隆重性的礼仪性程序。目的是为了树立企业良好的形象，引起社会各界的关注。剪彩仪式上有众多的惯例、规则必须遵守，其具体的程序亦有一定的要求。剪彩的礼仪，就是对此所进行的基本规范。主要包括剪彩的准备、剪彩的人员、剪彩的程序、剪彩的做法等四个方面的内容。

1. 认真做好剪彩仪式的准备

剪彩仪式一般用于意义较大的项目的首尾，如工程完工或开工，有时候也用于开业、展览、展销活动。

剪彩的准备必须一丝不苟。大致包括场地的布置、环境的卫生、灯光与音响的准备、媒体的邀请、人员的培训，等等。在准备这些方面时，必须认真细致，精益求精。

除此之外，尤其对剪彩仪式上所需使用的某些特殊用具，诸如红色缎带、新剪刀、白色薄纱手套、托盘以及红色地毯，仔细地进行选择与准备。

◇ 场地布置

场地要宽敞明亮。场地一定要铺红地毯，它主要铺设在剪彩者正式剪彩时的站立之处，其长度可视剪彩者人数的多少而定，宽度则不应少于1米。**在剪彩现场铺设红色地毯，主要是为了提高仪式档次，营造一种喜庆的气氛。**应布置有彩旗、拱门、条幅、气球、花篮等。

◇ 物品准备

①红色缎带。它即剪彩中的"彩"，是非常重要的物品。按传统做法，

它应由一整匹未使用过的红色绸缎，在中间扎上几朵大而醒目的红花而成。现在为了节约，一般使用两米左右长的红缎带、红布条作为变通。

②新剪刀。它是专供剪彩者剪彩时使用的，必须是剪彩者人手一把，而且是崭新、锋利的剪刀。避免因剪刀不好用，让剪彩者出洋相。剪彩后，可包装送给剪彩人以留纪念。

③白色薄纱手套。它是供剪彩者剪彩时戴的，以示郑重，但一般情况下可以不准备。**如果准备，就要确保手套洁白无瑕、剪彩者人手一副、大小适度。**

④托盘。它是供盛放剪刀、手套用的，最好是崭新、洁净的，通常首选银色的不锈钢制品。为了显示正规，还可在使用时铺上红色绒布或绸布。在剪彩时，礼仪小姐可以用一只托盘依次向各位剪彩者提供剪刀和手套，也可以为每一位剪彩者提供一只托盘。

⑤红色地毯。主要用于铺设在剪彩者正式剪彩时的站立之处。其长度可视剪彩者人数的多寡而定，其宽度则应在一米以上。在剪彩现场铺设红色地毯，主要是为了提升其档次，并营造一种喜庆的气氛。有时，亦可不予铺设。

延伸阅读：

剪彩的起源

剪彩仪式起源于开张。据说美国人做生意保留着一种习俗，即清早必须把店门打开，为了使人们知道这是一家新开张的店铺，还要特地在门前横系上一条布带。因为这样做既可以防止店铺未开张前闯进闲人，又起引人注目、标新立异的作用。等店铺正式开张时才将布带取走。1912年，美国的圣安东尼奥州的华狄密镇上有一家大百货公司将要开张，老板威尔斯严格地按照当地的风俗办事，在早早开着的店门前横系着一条布带，万事俱备，只等开张。这时，圣安东尼奥十岁的女儿牵着一只哈巴狗从店里匆匆跑出来，无意中碰断了这条布带。这时在门外等候的顾客及行人以为正式开张营业了，蜂拥而入，争先恐后地购买货物，真是生意兴隆。不久，当老板的一个分公司又要开张时，想起第一次开张时的盛况，又如法炮制。这次是有意让小女把布带碰断。果然财运又不错。于是，人们认为让女孩碰断布带的做法是一个极好的兆头，因而争相效法，广为推行。此后，凡是新开张的商店都要邀请年轻的姑娘来撕断布带。后来，人们又用彩带取代色彩单调的布带，并用剪刀剪带代替撕，有的讲究的用金剪刀。这样一来，人们就给这种做法正式取了个名"剪彩"。剪彩的人也逐渐被一些德高望重的社会名流甚至是国家元首代替。

2. 精心选择好剪彩人

剪彩者是剪彩仪式的主角，其仪表举止直接关系到剪彩仪式的效果和企业形象。因此作为剪彩者，要有荣誉感和责任感，衣着要大方、整洁、挺括，容貌要适当修饰，剪彩过程中要保持稳重的姿态、洒脱的风度和优雅的举止。

助剪者，指的是在剪彩的过程中为剪彩者提供服务的人员，一般而言，助剪者一般由礼仪小姐担任。具体而言，在剪彩仪式上服务的礼仪小姐，又可以分为迎宾者、引导者、服务者、拉彩者、捧花者、托盘者。

◇ 剪彩人员的选定

在剪彩仪式上，对剪彩人员必须认真进行选择，并于事先进行必要的培训。

根据惯例，剪彩者可以是一个人，也可以是几个人，但是一般不应多于五人。通常，剪彩者多由上级领导、合作伙伴、社会名流、员工代表或客户代表所担任。**按照常规，剪彩者应着套装、套裙或制服，并将头发梳理整齐。不允许戴帽子，或者戴墨镜，也不允许其穿着便装。**

若剪彩者仅为一人，则其剪彩时居中而立即可。若剪彩者不止一人时，一般的规则是：中间高于两侧，右侧高于左侧，距离中间站立者愈远位次便愈低，即主剪者应居于中央的位置。需要说明的是，之所以规定剪彩者的位次"右侧高于左侧"，这是一项国际惯例，剪彩仪式理当遵守。

◇ 挑选礼仪小姐

为了增加热烈而隆重的喜庆气氛，可以邀请礼仪小姐参加仪式。礼仪小姐可从本企业中挑选，或到公关、旅游、宾馆、文艺单位聘请。一般要求仪容、仪表、仪态文雅、大方、庄重。着装宜选择西式套装或中式礼服——红色旗袍，穿高跟鞋，配长统丝袜，化淡妆，并以盘起发髻的发型为佳。人员确定后，要进行必要的分工和演练。

具体而言，在剪彩仪式上服务的礼仪小姐，又可以分为迎宾者、引导者、服务者、拉彩者、捧花者、托盘者。迎宾者的任务，是在活动现场负责迎来送往。引导者的任务，是在进行剪彩时负责带领剪彩者登台或退场。服务者的任务，是为来宾尤其是剪彩者提供饮料，安排休息之处。拉彩者的任务，是在剪彩时展开、拉直红色缎带。捧花者的任务，是在剪彩时手托花团。托盘者的任务，则是为剪彩者提供剪刀、手套等剪彩用品。

礼仪小姐的基本条件是，相貌姣好、身材颀长、年轻健康、气质高雅、音色甜美、反应敏捷、机智灵活、善于交际。礼仪小姐的最佳装束应为：化淡妆，盘起头发，穿款式、面料、色彩统一的单色旗袍，配肉色连裤丝袜、黑色高跟皮鞋。除戒指、耳环或耳钉外，不佩戴其他任何首饰。

礼仪提醒

有时，礼仪小姐身穿深色或单色的套裙也是可以的。但是，她们的穿着打扮必须尽可能地整齐划一。必要时，可向外单位临时聘请礼仪小姐。

3. 遵循规范的剪彩程序

一般来说，剪彩仪式宜紧凑，忌拖沓，所耗时间愈短愈好，少则一刻钟即可，长则不宜超过一个小时。

按照惯例，剪彩既可以是开业仪式中的一项具体程序，也可以独立出来，由其自身的一系列程序所组成。剪彩仪式通常应包含如下六项基本的程序。

程序一：请来宾就位。在剪彩仪式上，通常只为剪彩者、来宾和本单位的负责人安排座席。

程序二：宣布仪式正式开始。在主持人宣布仪式开始后，乐队应演奏音乐，现场可燃放鞭炮，全体到场者应热烈鼓掌。此后，主持人应向全体到场者介绍到场的重要来宾。

程序三：奏国歌。此刻须全场起立。必要时，亦可随之演奏本单位标志性歌曲。

程序四：进行发言。发言者依次应为东道主单位的代表、上级主管部门的代表、地方政府的代表、合作单位的代表，等等。其内容应育简意赅，每人不超过三分钟，重点分别应为介绍、道谢与致贺。

程序五：进行剪彩。此刻，全体应热烈鼓掌，必要时还可奏乐或燃放鞭炮。在剪彩前，须向全体到场者介绍剪彩者。主持人宣布正式剪彩之后，剪彩者应在礼仪小姐引导下，步履稳健走向剪彩位置，如有几位剪彩者时，**应让中间主剪者走在前面，其他剪彩者紧随其后走向自己的剪彩位置**。礼仪小姐用托盘呈上白手套、新剪刀，剪彩者应用微笑致谢并接过手套和剪刀，然后表情庄重地将缎带一刀剪断；如有几位剪彩者共同剪彩，则应协调好彼此的行动。剪彩时。剪彩者还应和礼仪小姐配合，注意让彩球落入托盘内。剪彩者在放下剪刀之后，应转身向四周的人们鼓掌致意，并与东道主进行礼节性的谈话，然后退场。

程序六：进行参观。**剪彩之后，主人应陪同来宾参观被剪彩之物。仪式至此宣告结束**。随后，东道主单位可向来宾赠送纪念性礼品，并以自助餐款待全体来宾。

4. 剪彩人员需要动作规范

进行正式剪彩时，剪彩者与助剪者的具体作法必须合乎规范，否则就会使其效果大受影响。

◇ 礼仪小姐的规范动作

宣告剪彩仪式开始之后，礼仪小姐随即登场。在上场时，礼仪小姐应排成一行行进。从两侧同时登台，或是从右侧登台均可。登台之后，拉彩者与捧花者应当站成一行，拉彩者处于两端拉直红色缎带，捧花者各自双手手捧一朵花团。托盘者须站立在拉彩者与捧花者身后一米左右，并且自成一行。

◇ 剪彩者的规范动作

剪彩者登台。引导者在其左前方进行引导各就各位。当剪彩者均已到达既定位置之后，托盘者应前行一步，到达前者的右后侧，以便为其递上剪刀、手套。

如果是多人剪彩，登台之后应列成一行，主剪者需走在前面。随后主持人依次向大家介绍各位剪彩嘉宾时，被介绍者应向大家致意。

剪彩开始前，各位剪彩嘉宾应行至指定位置，再向拉彩者、捧花者致意。当托盘者递上剪刀、手套，亦应向对方道谢。

◇ 剪彩时的动作规范

在正式剪彩前，剪彩者嘉宾应首先向拉彩者、捧花者示意，待其有所准备后，集中精力，右手手持剪刀，表情庄重地将红色缎带一刀剪断。其他剪彩者应注意主剪者动作，不要争先剪断，而力争在主剪者稍后大家同时将红色缎带剪断。

◇ 剪彩后的动作规范

剪彩需要捧花者与托盘者的合作，红色花团应准确无误地落入托盘者手中的托盘里，而切勿使之坠地。剪彩者在剪彩成功后，可以右手举起剪刀，面向全体到场者致意。然后放下剪刀、手套于托盘之内，举手鼓掌。接下来，可依次与主人握手道喜，并列队在引导者的引导下退场。退场时，一般宜从右侧下台。

四、 工程交接仪式礼仪

交接仪式是指施工单位或承包单位将已经建设好的工程项目，已完成的承担任务，如厂房、商厦、机器组装、车船制造等，经验收达标合格后正式移交给使用单位时所举行的庆祝典礼。举行交接仪式，即是对商务伙伴们以往进行的成功合作的庆祝，也是对关心、支持和帮助他们的社会各界表示感谢，又是施工单位和接收单位巧妙利用交接机会，为提高各自的知名度而举行的一种公关宣传活动。

1. 邀请交接仪式中的来宾

出席仪式的来宾，通常应由仪式的东道主——施工、安装单位负责拟定。在具体拟定来宾名单时，东道主方应主动征求接收单位的意见，一起协商确定。

交接仪式的出席人员原则上应包括：施工、安装单位的有关人员、接收单位的有关人员、上级主管部门的负责人及其代表、当地政府的负责人、行业组织、社会团体的有关人员、各界知名人士、协作单位的代表及新闻记者等。被邀请到的单位或负责人，不管能否出席，应尽早向仪式的主办单位发出贺电或贺信，举办仪式单位如与单位关系密切，还可敬赠大型花篮，以示祝贺，并在花篮上挂上特制的缎带，右书"恭贺与××交接仪式隆重举行"，左书本单位的全称。敬赠的花篮可提前送到会场。

在举行交接仪式时，东道主既要争取多邀请新闻界的人士参加，又要按礼仪要求为其尽可能地提供一切便利。对于不邀而至的新闻界人士，尽量来者不拒。至于邀请海外的媒体人员参加交接仪式的问题，则必须认真遵守有关的外事规则与外事纪律，事先履行必要的报批手续。

作为出席仪式的代表，均应身着正装，面带微笑，举止热情。

礼仪提醒

在举行仪式之前，交接双方单位的负责人应提前到达会场，并在门口恭迎来宾们的光临，并指定专人进行迎送、接待、引导、陪同等礼仪应酬工作。

2. 布置交接仪式的场地

举行交接仪式的现场，亦称交接仪式的会场。在对其进行布置时，通常应视交接仪式的重要程度、全体出席者的具体人数、交接仪式的具体程序与内容，以及是否要求对其进行保密等几个方面的因素而定。

根据常规，交接仪式必须在工程完工、任务完成并经验收合格之后举行。仪式的准备主要包括会场的布置、有关人员的邀请与接待等。交接仪式的会场一般选择在工程项目的现场或货物移交的方便地带，也可在其他场所举行。不管仪式场地选择在何处举行，作为东道主或交付者一方，均应事先指令专人或组织临时的专门班子，具体布置会场。**会场布置既不能铺张浪费，过分华丽，也不能太草率简陋，过于一般，应当善于以适当的形式，渲染、营造一种热烈、隆重和喜庆的气氛。**

将交接仪式安排在业已建设、安装完成并已验收合格的工程项目或大型设备所在地的现场举行，最大的长处是可使全体出席仪式的人员身临其境，获得对被交付使用的工程项目或大型设备的直观而形象的了解，掌握较为充分的第一手资料。倘若在交接仪式举行之后安排来宾进行参观，则更为方便可行。不过，若是在现场举行交接仪式，往往进行准备的工作量较大。在此百废待兴之地忙里忙外，绝非轻而易举之事。另外，由于将被交付的工程项目或大型设备归接收单位所有，故此东道主事先要征得对方的首肯，事后还需取得对方的配合。

交接仪式的布置要隆重、热烈，又不铺张浪费。会场正面应悬挂"×交接仪式"或"热烈庆祝装配线正式建成使用"的巨型横幅。在会场的入口处或主席台前，可插置或悬挂一定数量的彩旗。会场上空可牵放带有庆贺标语的彩色大型气球，会场两侧可依次摆放来宾赠送的花篮。还可以安排乐队，进行演奏。在现场可以给人以身临其境的感受，比较直观。

主席台可以搭台子，可以因地制宜选择在建筑物大门的台阶上，也可以在平整开阔的地面。

如果交接仪式安排在东道主单位本部的会议厅举行，可免除大量的接待工作，会场的布置也十分便利。特别是在将被交付的工程项目、大型设备不宜为外人参观，或者暂时不方便外人参观的情况下，以东道主单位本部的会议厅作为举行交接仪式的现场，不失为一种较好的选择。此种选择的主要缺陷是：东道主单位往往需要付出更多的人力、财力和物力，全体来宾对于将被交付的工程项目或大型设备缺乏身临其境的直观感受。

如果将被交付的工程项目或大型设备的现场条件欠佳，或是出于东道主单位的本部不在当地以及将要出席仪式的人员较多等其他原因，经施工、安装单位提议，并经接收单位同意之后，交接仪式亦可在其他场所举行。诸如宾馆的多功能厅、外单位出租的礼堂或大厅等处，都可用来举行交接仪式。**在其他场所举行交接仪式，尽管开支较高，但可省去大量的安排、布置工作，而且还可以提升仪式的档次。**

3. 准备好交接仪式的相关物品

在交接仪式上，有不少需要使用的物品，应由东道主一方提前进行准备。首先，必不可少的，是作为交接象征的有关物品。它们主要有：

验收文件、一览表、钥匙，等等。验收文件，此处是指已经公证的由交接双方正式签署的接收证明性文件。

一览表，是指交付给接收单位的全部物资、设备或其他物品的名称、数量明细表。

钥匙，则是指用来开启被交接的建筑物或机械设备的钥匙。在一般情况下，因其具有象征性意味，故预备一把即可。

除此之外，主办交接仪式的单位，还需为交接仪式的现场准备一些用以烘托喜庆气氛的物品，并应为来宾略备一份薄礼。**在交接仪式上用以赠送给来宾的礼品，应突出其纪念性、宣传性。**

礼仪提醒　被交接的工程项目、大型设备的微缩模型，或以其为主角的画册、明信片、纪念章、领带针、钥匙扣等等，皆为礼品的上佳之选。

4. 严格规范交接仪式的程序

不同类型的交接仪式，其程序各有不同，但大体内容则是一致的。一般是参照惯例执行，尽量不要标新立异；而且还要实事求是、量力而行。

总体上，几乎所有的交接仪式都少不了下述的基本程序。

一是主持人请有关负责人到主席台就座，并宣布交接仪式开始。全体与会者鼓掌祝贺。

二是奏国歌，全体肃立。并奏东道主单位标志性的歌曲。

三是由施工单位和接收单位负责人正式交换有关工程项目的验收文件、一览表、钥匙等象征性物品。**此时，双方应面带微笑，双手递交，在此之后，还应该热烈握手。**这一程序也可由上级主管部门负责人或当地政府领导人为工程项目剪彩所取代，并由乐队奏乐或播放乐曲，营造一种热烈的气氛。

四是交接双方代表和来宾代表发言。发言的顺序是：施工、安装单位代表、接收单位代表、来宾代表等等。但这种发言都是礼节性的，宜短不宜长。原则上来讲，每一个人此类发言的时间为 3 分钟左右。

五是主持人宣布交接仪式结束。交接仪式在时间上宜短忌长，以不超过 1 小时为宜。仪式结束，应邀请各方来宾参观有关的工程项目和展览，东道主应为此安排专人接待、陪同和解说，继参观之后，有的东道主还为各方来宾安排一些文娱活动助兴，并以便饭招待。

5. 交接仪式上的注意事项

在参加交接仪式时，不论是东道主一方还是来宾一方，都存在一个表现是否得体的问题。

对东道主一方而言，需要注意的主要问题有以下几个方面。

◇ 仪表整洁

参加交接仪式的人员，必须要妆容规范、服饰得体、举止大方。

◇ 保持风度

在交接仪式举行期间，不要东游西逛、交头接耳、打打闹闹。在为发言者鼓掌时，不允许厚此薄彼。

◇ 待人友好

不管自己是否专门负责接待、陪同或解说工作，东道主一方的全体人员都应当自觉地树立起主人翁意识。一旦来宾提出问题或需要帮助时，都要鼎力相助。**不允许一问三不知、借故推脱、拒绝帮忙，甚至胡言乱语、大说风凉话**。即使自己力不能及，也要向对方说明原因，并且及时向有关方面进行反映。

◇ 致以祝贺

接到正式邀请后，被邀请者即应尽早以单位或个人的名义发出贺电或贺信，向东道主表示热烈祝贺。有时，被邀请者在出席交接仪式时，将贺电或贺信面交东道主，也是可行的。不仅如此，被邀请者在参加仪式时，还须郑重其事地与东道主一方的主要负责人一一握手，再次口头道贺。

◇ 略备贺礼

为表示祝贺之意，可向东道主一方赠送一些贺礼，如花篮、牌匾、贺幛，等等。时下，以赠送花篮最为流行。**它一般需要在花店订制，用各色鲜花插装而成，并且应在其两侧悬挂特制的红色缎带，右书"恭贺某某交接仪式隆重举行"，左书本单位的正式全称**。它可由花店代为先期送达，亦可由来宾在抵达现场时面交主人。

◇ 预备贺词

假若自己与东道主关系密切，则还须提前预备一份书面贺词，供被邀请代表来宾发言时之用。其内容应当简明扼要，主要是为了向东道主一方道喜祝贺。

◇ 准点到场

若无特殊原因，接到邀请后，务必牢记在心，届时正点抵达，为主人捧场。若不能出席，则应尽早通知东道主，以防在仪式举行时来宾甚少，使主人因"门前冷落车马稀"而难堪。

五、 企业签字仪式礼仪

签字仪式指的是订立合同、协议的各方在合同、协议正式签署时所正式举行的仪式。举行签字仪式，不仅是对谈判成果的一种公开化、固定化，也是有关各方对自己履行合同、协议所做出的一种正式承诺。为了体现合同的严肃性，在签署合同时，最好郑重其事地举行签约仪式。双方除了出席谈判的代表外，还可能有组织和政府的领导人出席，以示重视。谈判的双方代表在协议书上签字后，要交换协议书，并握手祝贺，最后简短地发表祝辞。

签约仪式是签署合同的高潮，其时间虽然短暂，但程序却是最为规范，气氛最为庄严、隆重而热烈的。

1. 妥善布置好签字场地

举行签字仪式的场地，往往依据参加签字仪式的人员规格、人数多少及协议中的商务内容重要程度来确定，多数是选择在客人所住的宾馆饭店，或东道主的会客厅、洽谈室。但不管是在何处举行，都要首先征得双方的同意。签字场地的布置，一般是在签字厅内设置长方桌，桌面应罩上深绿色台布，桌后放两把椅子，以作双方签字人座位，一般为主方签字人坐左，客方签字人坐右。桌前应置放好各自保存的文本，签字文具。如签署涉外协议，还应在桌中摆一旗架，悬挂签字双方或多方所在的小国旗，国旗摆置顺序应与签字人的国籍顺序相符。如签署多边性协议时，各方的国旗则应依一定的礼宾顺序插在各方签字者的身后。

签约场地布置的主要要求是庄重、整洁、清静。

◇ 签字场地的室内布置

标准签字厅的室内应当铺满地毯。除了必要的签约所用桌椅外，其他一切的陈设都不需要。签署双边性合同时，可放置两张座椅，供签字人就座。签字人在就座时，一般应当面对正门。

签约桌应当横放于室内，座椅放在其后。**正规的签约桌应当为长桌，其上最好铺设深绿色的台布。**签字桌上摆放待签的合同文本以及签字笔、吸墨器等签字时所用的文具。与外商签署涉外商务合同时还需在签字桌上插放有关各方的国旗。插放国旗时，在其位置与顺序上，必须按照礼宾序列而行。例如，签署双边性涉外商务合同时，有关各方的国旗须插放在该方签字人座椅的正前方。

◇ 签约的座次安排

座次安排在签约仪式中是非常重要的一环，因为座次的排列能够体现主办方对于各方代表的礼遇高低，所以主方在事先排定座次的时候一定要慎重认真。一般来说，举行签字仪式时，主方可以根据合同方的数量来设计签字厅内桌椅的位置。

举行双边签字仪式时最常见的形式是并列式排座。基本做法是：签字桌在室内面门横放，双方出席仪式的全体人员在签字桌之后并排排列。

在签署双边性合同时，应请客方签字人在签字桌右侧就坐。主方签字人就座于签字桌左侧。双方各自的助签人，应分别站立于各自一方签字人的外侧，以便随时对签字人提供帮助。

双方参加签字仪式的其他人员，一般需要呈直线、单行或者多行并排站立在签字者身后，并面对房间正门，通常面对房门站在右侧的是客方，站在左侧的是主方。

要注意一点，中央要高于两侧，也就是双方地位高的人站在中间，站在最外面的人地位相对较低。如果站立的人员有多排，一般的原则是前排高于后排，站在第一排的人地位较高。

原则上，双方随员人数应大体上相近。如果不能选择并列式的话，也可以选择相对式。相对式签字仪式的排座，与并列式的排座基本相同。

二者之间的主要差别，只是相对式排座将双边参加签字仪式的随员席移至签字人的对面。

在签署多边性合同时，常采用的是主席式排座。其具体做法是：**签字桌仍须在室内横放，签字座席设在桌后，面对正门，但只设一个，并且不固定就座者。**

举行仪式时，所有各方人员，包括签字人在内，皆应背对正门、面向签字席就座。

签字时，各方签字人应以有关各方事先同意的先后顺序依次走上签字席就座签字，然后退回原位就座，而不像双边签字仪式一样大家平起平坐，同时签名。

礼仪提醒

签字时，各方的助签人则应随之一同行动，并站立于签字人的左侧。与此同时，有关各方的随员，应按照一定的序列，面对签字桌就座或站立。

2. 准备好待签字的合同文本

预备好待签的合同文本。依照商务常规，在正式签署合同之前，应由举行签字仪式的主方负责准备待签合同的正式文本。

举行签字仪式，是一桩严肃而庄重的大事，因此不能将"了犹未了"的"半成品"交付其使用，或是临近签字时有关各方还在为某些细节而纠缠不休。**在决定正式签署合同时，就应当拟定合同的最终文本。它应当是正式的，不再进行任何更改的标准文本。**

负责为签字仪式提供待签的合同文本的主方，应会同有关各方一道指定专人，共同负责合同的定稿、校对、印刷与装订。按常规，应为在合同上正式签字的有关各方，均提供一份待签的合同文本。必要时，还可再向各方提供一份副本。

签署涉外商务合同时，比照国际惯例，待签的合同文本，应同时使用有关各方法定的官方语言，或是使用国际上通行的英文、法文。此外，亦可同时并用有关各方法定的官方语言与英文或法文。使用外文撰写合同时，应反复推敲，字斟句酌，不要望文生义或不解其义而乱用词汇。

待签的合同文本，应以精美的白纸印制而成，按大八开的规格装订成册，并以高档质料，如真皮、金属、软木等等，作为其封面。

3. 选择与安排好签字人员

在举行签字仪式之前，有关各方应预先确定好参加签字仪式的人员，并向其有关方面通报。客方尤其要将自己一方出席签字仪式的人数提前通报给主方，以便主方安排。签字者的人选要视文件的性质来确定，可由最高负责人签，也可由具体部门负责人签，但双方签字人的身份、地位、职务应该对等。

首先，负责在文本上签字的人，应该具有法定资格。两国之间签订条约、协定，双方签字代表通常须具有全权证书，在签字前双方互相校阅全权证书。

其次，参加签字仪式的人员，可以包括双方参加谈判的人员及其他必要人员。**为了表示对所签条约、协定、合同的重视，往往还请更高或更多的领导人出席。**

参加签字的有关各方事先还应安排一名熟悉签字仪式详细程序的助签人员，并商定好签字的有关细节。出席签字仪式的其他人员，基本上是双方参加谈判的全体成员，按惯例，人数也应大体相等。为了表示重视，双方可以按照对等原则邀请更高一层的领导人出席签字仪式。

最后，规范好签字人员的服饰。按照规定，签字人、助签人以及随员，在出席签字仪式时，应当穿着具有礼服性质的深色西装套装、中山装套装或西装套裙，并且配以白色衬衫与深色皮鞋。男士还必须系上单色领带，以示正规。

在签字仪式上露面的礼仪人员、接待人员，可以穿工作制服，或是礼仪性服装。

4. 签字仪式的程序规范

签字仪式的基本程序如下。

◇ 就座

参加签字仪式的有关人员进入签字厅后，主签人按主左客右的位置入座。**签字人员入座时，其他人员分主客各一方按身份顺序排列于各自的签字人员座位之后。**双方助签人员分别站在各自签字人员的外侧，协助翻揭文本，指出签字处。在本方保存的文本上签毕后，由助签人员互相传递文本，再在对方保存的文本上签字。然后由双方签字人再次交换文本，相互握手。全体人员应鼓掌，表示祝贺。助签人（协助翻揭文本并指明签字处）站在主签人的外侧，其他人员以职位（身份）高低为序，客方自左向右，主方自右向左，分别站立于各主签人的后面。当一行站不下时，可遵照"前高后低"的原则排成两行以上。

◇ 正式签字

签字时，应按国际惯例，遵守"轮换制"，即主签人首先签署己方保存的文本，而且签在左边首位处，这样使各方都有机会居于首位一次，以显示各方平等、机会均等；然后由助签人员互相交换文本，再签署他方保存的文本。**在礼仪上的涵义是，在位次排列上，轮流使有关各方均有机会居于首位一次，以显示机会均等，各方平等。**

◇ 交换文本

签字完毕，由双方主签人起立交换文本，并相互握手，其他陪同人员鼓掌祝贺。随后，由礼宾人员端上香槟酒，共同举杯庆贺。

◇ 共饮香槟酒祝贺

有时签字后，备有香槟酒，共同举杯庆贺。尤其是签字人当场干上一杯，是国际上通行的用以增添喜庆色彩的做法。

◇ 退场

签字仪式完毕后，应先请双方最高领导退场，然后请客方退场，主方最后退场。

第 二 章

学校庆典礼仪

重视和开展礼仪教育已成为学校道德和美育的重要内容，举办校园庆典礼仪就是学校礼仪教育的内容之一。学生在校学习期间，每个学校都会经常举行开学、结业、校庆等各种庆典活动，庆典礼仪，是对学生进行文明素质培养与礼仪教育的第一课，不仅可以使广大学生增强集体荣誉感，从小培养懂礼仪、讲礼貌、守规范的好习惯，而且可以使学生明确学校的培养目标和管理制度，明确校园生活的特点，为尽快适应在校学习和生活作好思想准备。为未来走上成才之路起到教育规范的作用。

一、开学典礼的准备

学校的开学典礼是新学期开始隆重举行的仪式。为学生搭起展现自我的舞台，每学期的开学典礼是回顾上学期，总结上学期成绩并对本学期的工作开展拉开序幕的新开始。

1. 开学典礼的准备内容

搞好开学典礼，准备工作必须充分，否则既不符合礼仪规范要求，也难以实现预期的目的。其中主要是以下三方面的重要准备内容。

◇ 邀请人员

一般开学典礼除学校主要领导出席外，还应邀请教务、工会、团委、后勤等部门的负责人参加。**特别隆重或具有重要意义的开学典礼，应邀请上级有关部门的领导和校外知名人士参加。**

◇ 布置会场

开学典礼的会场要清洁、整齐、美观，要适当地进行布置，有条件的可以摆些鲜花和盆景。同时要制好会标，如："新学期开学典礼"、"×××年新学年开学典礼"等。还要制作庄重、与形势相符的标语。主席台上要安排好报告台和座位，并配齐音响设备，做到既隆重热烈，又庄重严肃。

◇ 确定主持人、报告人和发言人

开学典礼、要有专人主持，要拟定主报告人和发言人。包括学校领导的报告，上级领导的指示和有关方面代表人的发言等。这方面的人选应提前落实。

延伸阅读：

最早的开学典礼

中国近代有史可察最早的一次开学典礼，是黄埔军校举行的开学典礼。

黄埔军校全称是"陆军军官学校"。这是国民党改组之后，在共产国际和中国共产党的帮助下，根据孙中山的倡议和亲自过问，所建立的中国现代第一所革命的军政学校，因校址设于广州黄埔，故称"黄埔军校"。

创办黄埔陆军军官学校的主旨和使命，使革命的武力与民众相结合，第二步使革命的武力成为人民的武力。

黄埔军校于1924年1月开始筹备，1924年3月，举行入学考，经过严格挑选，录取学生350名，备取学生120名。成为第一期学员。5月第一期新生入校。孙中山任军校总理，蒋介石任校长，廖仲恺任党代表。中国共产党先后派周恩来、恽代英、萧楚女、聂荣臻等担任军校的各种负责工作。

1924年6月16日，来自全国的教官和学生，包括共产党和国民党人共500余人在黄埔军校举行了隆重的开学典礼，孙中山亲临主持，并致开学词，正式宣告黄埔军校成立。

黄埔军校的创办，在中国现代史上留下了重要一页，对统一广东革命根据地和进行北伐战争起了重大作用。不仅为国民党培养了大批军事和政治工作人才，为建立国民革命军提供了干部力量。而且也为中国共产党领导武装斗争建立新中国造就了一批杰出的军事领导人。

2. 开学典礼的基本程序

开学典礼一般在开学后的第一周召开，主要内容为：升国旗，唱国歌；校长致辞，介绍学校的基本情况，布置新学年的工作，表彰上学年的先进学生和先进工作者等；颁奖；教师代表、学生代表、来宾代表发言等。

一般开学典礼的基本程序包括以下几个步骤。

其一，宣布典礼开始，全体肃立，升国旗，唱国歌。

其二，校长致辞。

其三，表彰仪式。

其四，教师代表发言。

其五，学生代表发言。

其六，来宾致辞。

其七，宣布开学典礼闭幕。

各个学校在开学典礼中，也可根据实际需要对上述程序进行调整。**作为学生，在开学典礼上要以饱满的精神状态、规范的仪容仪表，展现新学期积极向上、文明有礼的精神风貌。**

2. 学生参加开学典礼的礼仪要求

开学典礼是学生入学后和新学期开始后参加的第一项集体活动，因此，参加开学典礼的学生应格外注意遵守典礼的礼仪要求。

首先，负责迎宾的同学应仪容大方、仪态端庄，身披礼仪绶带，在校门口及会场出入口，迎送来宾和全校师生。

其次，没有承担典礼服务工作的同学，应身着统一的校服、佩戴校徽（少先队员还应佩戴红领巾、共青团员应佩戴团徽）。**参加开学典礼的同学全部按班级列队入场，在指定位置就座，入场要迅捷、安静，落座后也不要交头接耳、大声喧哗，要保证会场气氛庄严肃穆。**典礼开始时，奏《国歌》时，要听从主持人的指挥。原地起立，呈立正姿势。整个过程，要注意认真听讲，不要交头接耳讲话、不要干与典礼无关的事情。不要随地吐痰、不要乱扔杂物，保持会场的清洁卫生。应认真听取校长报告和其他人的发言，适时报以掌声。掌声应热烈而有节制。唱国歌、校歌和呼口号时声音要响亮。

最后，典礼结束后应等领导、来宾以及教职员工离场完毕再在主持人的指挥下按顺序离场。

1. 开学典礼中各类人员讲话的礼仪

在开学典礼中，对各类发言人讲话也有礼节要求。

◇ 上台发言人的一般礼仪要求

凡是上台发言的人，讲话前和讲话后均需向台下听众和主席台上的各位领导问好。并适当表示一下礼节，或敬礼，或鞠躬等。讲话时，眼睛尽量注视前方，热情地与听众交流，切忌埋头读稿，连头也不敢抬。发言时可动用适当的体态语，主要是眼神和手势，以此来辅助讲话的效果。**发言的声音应有力响亮，吐字清晰，切忌讲话句读不分，结结巴巴，说了前面一句，忘了后一句。**

◇ 上级领导讲话礼仪

上级领导讲话时，应简洁清楚不啰嗦。首先祝贺新同学跨入了一个新的学习阶段，接着谈学习的重要意义，然后提出希望，最后预祝同学们学习圆满成功。

◇ 校领导讲话礼仪

本校领导讲话时，应符合典礼礼仪规范。学校领导着重介绍本校的基本情况，包括校史、教职工学生的人数、学校特色等，然后对学生提一些具体要求和希望，并祝大家学业圆满。

◇ 教师代表讲话礼仪

教师代表讲话要求，主要是代表全校教职员工对新生表示热烈的欢迎祝贺，然后谈谈教学的有关情况，介绍一些学习方法，对学生提出学习上的要求和希望。

◇ 学生代表讲话礼仪

学生代表讲话要求，主要是代表全体新生对领导、老师的希望、祝愿表示感谢。然后说明自己能在学校里读书学习感到荣幸，努力争取以最好的成绩来报答党和人民及辛勤培养自己的领导和老师。

二、 毕业典礼的礼仪

各级各类的学生完成小学、初中、高中、大学或某一专业的学习任务后，离开母校前，学校都会如期举行毕业典礼。毕业典礼是学校为毕业生举行的隆重的毕业庆典仪式，是学校对学生进行毕业教育的最后环节。通过毕业典礼，毕业生可以牢记学校老师的希望和嘱托，信心百倍投入到新的学习或工作环境中去。隆重的毕业典礼是对莘莘学子的一种嘉奖和鼓励。

1. 毕业典礼的程序规范

在校学生完成了学习任务，成绩合格，学校为这些学生举行一个仪式，向他们颁发毕业证书，这个仪式就是毕业典礼。毕业典礼一般都要邀请教育行政部门的领导参加。毕业典礼的准备工作与开学典礼的准备工作基本相同。**毕业典礼的主要程序有唱国歌、校长致辞、教师代表和毕业生代表讲话等。**

①毕业典礼开始，全体立正。

②鸣炮、奏唱国歌。奏唱完国歌，全体人员落座。

③校长致辞。

④表彰仪式。

⑤颁发毕业证书。毕业典礼上的一项重要内容是由校长给每位学生颁发毕业证书。**作为毕业生，上台领证书时，一定要先鞠躬，握手，双手接过证书，然后合影留念。**整个过程做到谦虚有度，落落大方。

⑥教师代表讲话。主要总结毕业班同学成绩，鼓励毕业同学在新的岗位努力学习和工作，奉献社会，为母校争光。

⑦毕业生代表发言。一般来说，首先对学校领导、教职员工的教育培养表示谢意，然后表决心，即毕业后进入高一级学校学习或步入新的工作

岗位后，如何认真学习，努力工作，争取以优异的成绩回报母校，为母校争光。

⑧在校生代表发言。在校生代表发言，主要是欢送学长们毕业离校，走上新的学习或工作岗位；对学长们的祝福；在校同学如何发扬毕业生同学的光荣传统和优良作风，把学校建设得更好。

⑨宣布毕业典礼闭幕。

礼仪提醒

高三年级的毕业典礼一般在高考之前进行。很多学校准备了由任课老师表演的节目，为即将高考的同学们鼓劲加油。同学们在典礼上也要表演一些怀念与感恩的节目，如朗诵、唱歌、跳舞等。作为表演者应注意典礼的严肃性，节目内容和形式符合主题。

2. 师生参加毕业典礼的礼仪要求

无论是毕业生还是教师，在参加毕业典礼时都有一定的礼仪要求，都应自觉遵守其礼仪规范。

◇ 毕业生参加毕业典礼的礼仪要求

毕业典礼是同学们在校期间参加的最后一次学校性集会，参加毕业典礼的学生，应珍视这一仪式，注意典礼礼仪。毕业生应身着校服（有条件的可着毕业生礼服）、佩戴校徽，按班级在主席台下就座。

参加毕业典礼的毕业生在听取发言时应专注，要适时适度鼓掌，以表示感谢或认同。在领取毕业证书时，毕业生要依次上台，稳步走上前，双手接过毕业证书并向颁证者鞠躬致谢；接证后应转身向台下各位点头示意，然后稳步走下主席台。颁证过程中，台下的同学应和着欢乐的乐曲有节奏地鼓掌。在典礼结束后，毕业生不必立即离开会场，应手持毕业证书互相祝贺，向老师表示感谢，向家长表示感谢，还可以拍照留念。

要严格遵守会场纪律，切不可因为即将离开学校就随随便便，无所顾忌，破坏良好的会场秩序，要以留恋、严肃、认真的态度开好毕业典礼，要给母校、给老师留下一个美好的印象。

◇ 教师参加毕业典礼的礼仪要求

教师参加毕业典礼时，应注意以下两个方面。

一是要着装整洁，按时到会。毕业典礼是学校较为隆重的大型集会。**教师应注重自己的着装，既要显得庄重，又要带有喜庆色彩，不可太随便**。如有的教师穿汗衫、短裤，与会场的气氛极不相称。另一方面，出席这样的活动，不能迟到，一定要按规定时间到会。

二是要态度诚挚，积极发言。毕业班的学生已与老师建立起比较深厚的感情，他们希望从老师那里也能感受到师生之间的情谊，希望再一次聆听老师的谆谆教诲，受到鼓舞，获得力量。因此，教师要满怀热忱，踊跃发言，而不要采取置之不理、无所谓的态度。

3. 各类人员讲话的礼仪要求

在毕业典礼上，各类人员讲话也应符合礼仪的规范要求。

◇ 校长致辞的礼仪

校长致辞应当态度诚恳，热情洋溢，简洁明了。致辞内容一般包括以下几个方面。

一是对毕业学生表示祝贺。

二是简短介绍毕业生在校的突出表现。

三是对不同去向的毕业生提出不同的希望：继续升学的，鼓励他们再接再厉，勤奋学习，勇攀高峰；**参加工作的同学，希望他们积极投身于现代化建设，充分发挥自己所学到的文化知识和一技之长**。

四是对毕业生进入社会和高一级学校提出应注意的问题。

◇ 教师代表讲话礼仪

主要总结毕业班同学成绩，鼓励毕业同学在新的岗位努力学习和工作，奉献社会，为母校争光。

首先对毕业班的学习生活进行简要回顾，对师生之间的交流合作情谊进行简要总结。其次，对毕业班同学的今后发展与未来人生提出希望与鼓励。**希望同学们走到哪里都要勤奋努力，以事业与人生的不断进步和优异成绩回报学校和老师。**

◇ 毕业生代表发言礼仪

一般来说，首先对学校领导、教职员工的教育培养表示谢意，然后表决心，即毕业后进入高一级学校学习或步入新的工作岗位后，如何认真学习，努力工作，争取以优异的成绩回报母校，为母校争光。

三、 校庆典礼的礼仪

校庆是为了庆祝建校若干周年而举行的盛大的庆祝活动。也是学校系统特有的活动。为了使校庆工作有条不紊地进行，必须按礼仪规范要求做好准备工作和庆典工作。

1. 做好校庆典礼的准备工作

要成功举办校庆典礼，须做好以下准备工作。

◇ 成立校庆领导班子

校庆领导班子一般称校庆筹备委员会，下设办公室，负责校庆的具体日常事务。

◇ 联系校友

①通过报纸、电视通告校庆的具体事宜，联系校友。

②通过书信（告校友书）联系校友。

③通过组织校友总会和分会，联系校友。联系校友的目的是沟通情感，加强了解，编写校友录，搞好校庆。**校友通讯录主要包括姓名、年龄、现在工作单位、详细通讯地址、邮政编码、电话号码等项目。**联系校友后再确定参加校庆的校友或校友代表，并寄发邀请书。

◇ 编写校史

校史的主要内容有以下几个方面。

①学校的历史沿革。

②学校的组织机构。

③学校历届领导班子的成员。

④教学及其改革。

⑤教师队伍建设。

⑥历届招生及毕业生人数。

⑦教学科研成果。

⑧党团工会和社团组织。

⑨学校办校的基本经验。

⑩历任教师名录。

⑪大事记。

◇ 布置庆典会场

庆典前一定要布置好会场，要写好会标，准备好座位和茶水。主席台上要为领导和嘉宾安排好座位，主席台前可放置一些鲜花，主席台上要悬挂大红灯笼，做好音响、摄影准备。

◇ 接待校友和来宾

接待工作非常重要，要成立接待组，负责校友和来宾的接待和食宿安排。**接待要热情、周到，使校友有亲切、幸福和温馨感。**

◇ 组织好座谈会、讨论会和报告会

为了把庆典搞得隆重、丰富多彩，学校可组织校友进行座谈，相互认识，相互交流，增进友谊，加强联系。也可请校友做学术报告、优秀事迹报告，进行成才经验座谈。

2. 校庆典礼的基本程序

校庆日是每位在校师生的节日，同时也是所有已经毕业学生的节日。

校庆典礼的主要程序包括：校长致辞，宣读领导及其他单位贺词；教师、学生、校友、来宾代表讲话等。校庆典礼结束后一般有文艺节目表演。

校庆典礼的基本程序如下。

● 宣布典礼开始，全体肃立，奏唱国歌。与此同时，先升国旗，再升校旗，有条件的可放信鸽或彩色气球。

● 校长致辞。

● 祝贺单位代表致贺词。

● 教师代表发言。

● 学生代表发言。

● 校友代表发言。

● 来宾自由发言。

● 宣布校庆典礼闭幕。

礼仪提醒

校庆期间，还可以举行其他活动，如文艺晚会、电影晚会、舞会，以及书画展、校史展等。校庆结束前接待组要帮助校友预订好返程票，要安排好人员和车辆送站。

3. 校庆典礼中各方人员讲话的礼仪

校庆典礼是学校十分隆重热烈的集体活动。要保证校庆典礼的顺利进行，须按相关礼仪程序要求有序进行。在校庆典礼的庆祝活动中，对相关各类人员的讲话也有相应的礼仪要求。

◇ 校长致辞礼仪

代表校方领导讲话通常要由校长发言。校长在致辞中应首先向到会的各位领导和各方嘉宾致谢。同时对学校历史进行简要总结回顾，对多年来本校的培育成果、教学成功经验和出色业绩进行概述描述。最后对学校未来发展提出展望，对全校师生提出殷切希望。**校长讲话中切忌埋头读稿，**

应注意与听众进行交流。

◇ 祝贺单位代表致辞礼仪

祝贺单位代表，包括上级单位领导、友邻单位领导或嘉宾代表。在致辞中首先应祝贺学校的校庆，然后可以提出希望，预祝该校未来取得更大的成就。**祝贺单位代表致辞时应清晰简洁，不要讲无关主题的事情，尽量脱稿讲话，以增强发言效果。**

◇ 教师代表发言礼仪

教师代表在校庆典礼上的发言，应充满感情，热情洋溢，结合自身的实际体会畅谈学校走过的历程与成就，最后应代表全校教职员工表态，展示对学校未来发展的信心和态度。整个发言应简洁有力，吐字清晰，声音嘹亮，内容应具有振奋人心的号召作用。

◇ 学生代表发言礼仪

学生代表发言讲话，首先应对学校和教师表达感恩的敬意，对自己和广大同学在本校读书所获得收益进行总结，并代表广大同学表示好好学习、以优异成绩为学校增光的信心和决心。**学生代表讲话应有礼有力，切忌紧张和埋头读稿。**

◇ 来宾发言礼仪

校庆典礼的来宾发言，主要是指本校历届校友的代表。来宾发言应简洁明了，切忌冗长或啰嗦，应以清晰明确的语言表达对母校、对师恩的感谢与祝愿。

4. 参加校庆典礼人员的礼仪规范

学校逢五或逢十的校庆可举办校庆活动，其中一项是举行校庆典礼。校庆典礼一般要广邀该校历届毕业生返校参加。各类人员在参加校庆典礼时，应遵守以下礼仪规范。

◇ 衣着正规整洁

参加校庆典礼的人员应衣着整洁美观，具有职业美，职工要穿着正装和职业装。全体教职工、学生都要佩带校徽和学校发放的具有校庆统一标识的领带或丝巾。

◇ 行为文明得体

参加校庆典礼的各类人员应举止稳重、端庄，做到不在公众场合吸烟，保持饱满的工作情绪和积极向上的生活态度。

◇ 语言礼貌亲切

参加校庆典礼的各类人员应语言、行为热情得体，不做与工作无关的事情。与来宾相遇时及时致意问候。

◇ 遵守会场秩序

在会场上，遵守会场纪律，按规定时间入场。不迟到，不提前离会；不在场内随意走动、讲话；关闭手机，不做任何与会议无关的个人事务；端正坐姿，不打瞌睡，保持良好的精神状态。

◇ 礼宾服务热情有礼

在校学生在校庆典礼中的一项重要工作即是担任服务员，全体服务员应统一着装，保持良好的精神面貌，对所有来宾都应热情有礼。担当迎宾任务的同学要身披迎宾绶带、面带微笑，恭迎来宾；担当引导任务的同学要谦恭有礼热情周到；担当接待任务的同学应有礼貌地对来宾进行登记。**没有参加服务工作的同学参加典礼，要遵守纪律服从指挥，会下也可主动协助做引导、接待工作。**

礼仪提醒

对老校友，应帮他们在事先准备好的胸牌上填上校友毕业届次和姓名，并帮他们佩戴在胸前，以免久别重逢的校友因叫不出对方姓名引起尴尬；对其他来宾，应备好笔墨并招呼他们在纪念册上签到或题词。校友、来宾到场的情况要及时向有关典礼负责人通报。

四、学生成人仪式的礼仪

成年礼是为承认年轻人具有进入社会的能力和资格而举行的人生礼仪，是一个人由个体走向社会的一道必不可少的程序。一个人，当他经过漫长的成长过程后，逐渐走向成熟，脱离了亲人的养育、监护，承担起了所在集团和社会所赋予的权利和义务。在这个时候，人们要举行一系列的仪式，来纪念当事人由不成熟走向成熟的过渡，这种仪式就是成年礼。有的民族，成年礼过程十分隆重而且带有考验的性质，中国一些少数民族的成年礼的这种特征比较明显。**成年礼是人生礼仪中最为重要，并且具有多重特性的礼仪，是一种普遍存在的文化现象。**

古时男子二十成人，举行冠礼。现在通常把十八岁作为成人的标志。在高中生活中，绝大多数学生即将跨越十八岁的门槛，学校或其他社会团体为他们举办庄严的成人仪式，以祝贺他们的成长。在成人仪式上，同学们将展示自己的青春和力量，感悟自己的责任与志向，体验自己的成长与追求，从此以后，将以成年人的标准来严格要求自己。

1. 成人仪式是一项重要的教育活动

随着 18 岁的到来，意味着你已经是一个成年人了。

成人仪式教育活动，是共青团组织倡导的在十六至十八岁青少年中开展的一项公民素质教育活动，也是一项青年思想道德文化教育活动。每年都有大批的学生踊跃参加这项活动，在成长的青春岁月里留下了难忘的一刻。十六至十八岁是人的一生中非常重要的阶段。按照我国宪法和法律的有关规定，一个年满十六岁的公民将领取居民身份证；年满十八岁则意味着步入成年，将依法享受选举权和被选举权，依法承担全部公民义务。十八岁是成人的重要标志和生活的新起点。**十六至十八岁是成人预备期，是一个人从未成年向成年转变，身心发生质变，世界观、人生观、价值观初**

步形成的关键阶段，有的教育家曾称之为人的"第二次诞生"。

1996年"五·四"前夕，团中央对18岁成人仪式活动作出了规范，确认18岁成人仪式教育活动是一个系统的教育过程，规定了这一教育过程应包括成人预备期教育、成人预备期志愿服务和成人宣誓仪式三个环节，并对18岁成人宣誓仪式作出规范。

延伸阅读：

中国传统成年礼

中国传统成年礼，起源于原始社会。古人男女青年到了一定年龄，性已经成熟，可以婚嫁，从此可以作为氏族的一个成年人参加各项活动。此时就要由氏族长辈依据传统为青年人举行一定的仪式，仪式过后，就可获得部落的承认，从此具有成年人的能力和资格。华夏族的成年礼是男子二十岁行冠礼，女子十五岁行笄礼。

经书记载，成年礼实行于周代。按周制，男子二十岁行冠礼，天子诸侯为早日执掌国政，多提早行礼。古代冠礼在宗庙内举行，日期选二月的一个吉日。行礼时，主人（一般是受冠者之父）、大宾及受冠者都穿礼服。每次加冠毕，皆由重要来宾对受冠者读祝辞。祝辞大意为：在这美好吉祥的日子，给你加上成年人的服饰；请放弃你少年儿童的志趣，造就成年人的情操；保持威仪，培养美德；祝你万寿无疆，大福大禄。然后，受礼者拜见其母。再由大宾为他取字。后来随社会发展行冠礼有价变化，民间自十五岁至二十岁举行，各地不一。清中期以后，多移至娶妻前数日或前一日举行。某些地区自宋代以来，仪式简易，不宴请宾客，仅在本家或自家范围内进行。

2. 成人仪式的教育内容

我国目前开展的成人仪式教育主要包括十六岁成人意识教育、十七岁成人预备期青年志愿者活动和十八岁成人宣誓仪式三个环节。成人意识教育主要是利用年满十六岁领取居民身份证的契机，通过开设公民教育课、法制课等形式，使青少年掌握宪法和法律的有关知识，懂得公民应具有的权利和义务，从而培养青年的法律意识、生存意识、道德意识、人格意识、社交和家庭意识、创造意识、责任意识等内容。志愿服务主要是组织十六至十八岁青少年参加一定时量的社会公益劳动，使他们在服务社会的实践中增强对国家、社会、家庭的责任感，培养履行公民义务的意识和能力。**成人宣誓仪式主要是组织年满十八岁的青年举行面对国旗宣誓的仪式，地点一般选在具有纪念意义的地方。**三个环节有机联系，形成一个相对完整的过程。

3. 举办成人礼的地点与程序

举行成人宣誓仪式的地点可以是当地举行重要政治性活动的场馆、烈士陵园、具有纪念意义的历史遗迹和遗址等。成人宣誓仪式必须按照规定的程序进行，使用统一的誓词、标志和主题歌曲。举行宣誓仪式的时间，各地可根据实际情况，安排在每年的 5 月或 10 月。

根据《共青团中央关于规范十八岁成人仪式教育活动的暂行意见》中规定，十八周岁成人宣誓仪式的基本程序如下。

- 升国旗，唱国歌。
- 党的祝愿。
- 前辈的祝福。
- 父母的期望。
- 成人的心声（十八周岁中学生代表）。
- 宣读成人誓词（面对国旗，左手持宪法，右手握拳举起）。
- 授成人纪念册、成人证。
- 开展"我为社会尽责任"志愿者服务。

礼仪提醒

成人仪式有共同的基本程序，各学校还可以根据实际情况增改内容，例如仪式之后一般还可以举行成人签名仪式以及文艺节目演出等内容。

4. 成人礼仪式上的宣誓活动与宣誓词

参加成人宣誓的同学要态度严肃，要保证仪式气氛庄重。领誓人应由学校主要领导担任，也可特邀德高望众的英模人物担任。**宣誓时，要精神饱满，态度严肃**。随领誓人齐声宣读，声音洪亮而有力。

誓词如下：

（领誓人：请宣誓人举起右手）

我是中华人民共和国公民，在18岁成人之际，面对国旗，庄严宣誓：我立志成为有理想、有道德、有文化、有纪律的社会主义公民。遵守宪法和法律，热爱社会主义祖国，拥护中国共产党的领导，正确行使公民权利，积极履行公民义务，自觉遵守社会公德。服务他人，奉献社会；崇尚科学，追求真知；完善人格，强健体魄，为中华民族的富强、民主和文明，艰苦创业，奋斗终生！

5. 成人仪式上的礼仪规范

从举行成人仪式这一天起，青少年就将迈入成人的行列。在仪式过程中，我们更要严格遵守各种礼仪规范。

◇ 身着正装

成人仪式是一项庄重而神圣的典礼，因此对着装的要求十分严格。**无论是参加成人仪式的学生，还是家长和老师，都必须身着正装出席成人仪式**。有的学校还要求穿着正式的民族服装。

◇ 准备礼物

在成人仪式上，父母要送给孩子精心准备的礼物。父母的礼物寄托和表达了父母对孩子殷切的希望和祝福。同样，作为孩子最好也为父母准备一封信或者其他精心准备的礼物，在仪式上或仪式之后交给父母。

◇ 严守礼仪

首先，要守时，不能迟到。其次，要保持会场的庄重神圣，不能嬉笑打闹，大声喧哗。第三，接受领导的礼物要表示感谢，先是鞠躬，然后握手，最后与领导并排站在一起合影留念。

6. 成年礼仪式上教师致贺词礼仪

在学校举办的成年仪式上，通常会邀请德高望重的教师或长辈致辞，向受礼者提出恭贺、忠告和希望。下面是一位教师在高三学生的成年仪式上致辞。

尊敬的各位家长、学校领导、各位老师，亲爱的高三全体同学：

大家好！今天是高三全体同学进入成年的纪念日，首先，我代表全体教师为你们祝福，向你们表示衷心的祝贺！

今天，在你们步入18周岁之时，你们将带着父母亲人的热切期盼，面对庄严的国旗许下铿锵誓言，光荣地成为共和国的成人公民，迈出成年后的第一步，踏上人生新的征途。

18岁，这是多么美妙、多么令人羡慕的年龄！在儿童、少年的眼里，18岁的人是大哥哥、大姐姐，因为你们高大强健、青春妩媚；在中年人、老年人眼里，18岁的人是岁月的富翁，因为你们身姿挺拔，活力四射！

18岁，这是一个多么美丽而又神圣的字眼。它意味着从此以后，你们将承担更大的责任和使命，思考更深的道理，探求更多的知识和学问；它也意味着从此以后，你们要将理想转化为现实，将依赖、依靠变为自立、自强；它还意味着从此以后，你们的世界观、人生观、价值观将进一步正确地确立和坚定，毅力、意志将更加坚毅和刚强。

18岁，这是你们人生中一个新的里程碑，是人生的一个重大转折，也是人生旅途中一个新的起点。从今天开始，你们将以更加自立自强的姿态去面对人生和社会；你们将享有宪法所赋予的权利，并履行宪法所规定的义务；你们将和所有成年人一样，担负起国家、社会和家庭所赋予的神圣而庄严的使命！

面对18岁，亲爱的同学们，我想你们此时此刻似乎要感慨的东西会很多很多！

感慨要告别一个时代，告别过去的顽皮、莽撞、青涩，告别自己的孩童和青少年时的岁月。但是，同学们千万别忘了，当一个时代结束的时候，又意味着新时代的开始。从今天起，你们走进了人生的新时代，在新生活中，你们将真正体会人生路上的付出与收获、成功与失败、幸福与艰辛，因为你们长大了，有了自己思考问题的方式，有了明确的价值取向和人生态度，所以说，你们即将真正地去生活！你们也会感慨，似乎应该在这个时刻对自己的父母说点什么。是啊，一个人从呱呱坠地，到18岁成年，经历了6570个日日夜夜，这是一个多么漫长的过程。而在这个过程中只有父母是伴随你们一天天走过的人，他们见证了你们的成长。在走过的这6570个日日夜夜中，你们摔倒过、哭泣过、偷懒过、生病过、做错过，这个时候，扶起你们的是父母，为你们擦干眼泪的是父母，最心疼你们的是父母，最包容你们的是父母，最揪心的是父母，最苦最累的还是父母！

可怜天下父母心，同学们，在今天你们即将迈入成年人行列的庄严时刻，请在你们的心里，带着良知、赤诚和爱向父母深深地鞠上一躬，表达儿子或女儿的感激之情！在未来的日子里，请用你们的努力、勤劳和成绩来诠释这"感激的一躬"，而老师今天还想说的是。同学们，做一个孝顺的孩子吧！

说到这里，我突然想起一个问题，同学们，你们又准备拿什么为自己的18岁献礼？答案在你们的思考中，在你们的心底。但我想，你们的进步，你们的懂事，你们的成熟，你们的成绩就是给自己最好的献礼！如果要问：什么是给自己唯一的献礼？那只能是你心中理想大学的一张烫金的录取通知书！除此之外，我想不到比这更好的献礼！

同学们，在未来的岁月里。父母、老师还会把你们惦记，但是，毕竟你们长大了。有一天，我们的臂膀也许已够不着你们远飞的身影，我们只能在家中将你们守望，我们希望看到那时的你们羽翼丰满。勇敢顽强！我们希望你们始终能够老老实实做人、勤勤恳恳做事，一步一个脚印，带着勇气、知识、信念、追求去搏击长空，创造自己的新生活！我们也祝福你们在今后的人生道路上，一路拼搏，一路精彩！祝愿你们幸福！我亲爱的学生们！

谢谢大家！

第 三 章

家庭庆贺礼仪

家逢喜事，按中国传统习俗，一般都会热烈庆贺一番。庆贺就要讲规矩，讲礼仪。家庭庆贺礼仪就是家庭成员应守的规矩，就是参与庆贺者共同依从的行为规范。无论是给家中长者老人祝寿、庆贺新婚志喜，还是家庭成员遇有升迁、得子、建房乔迁、庆祝生日，都要讲究，既热烈隆重，又文明有礼。尤其是在有外来宾客参加时，每个家庭成员，都应以热情友好、规范自律的礼仪表现，展现良好的文明素质和礼仪修养。同时这也是举行家庭庆贺活动的主要目的和成功的保证。

一、 祝寿礼仪

祝寿活动由来已久，是我国民间敬老孝悌美德的体现。被祝寿者应该是指年高望重、子孙有为、或者寿翁本人对国家对社会有某种贡献者。祝寿与其他庆贺主要不同之点，就是不能由自己具名发柬邀客来给自己祝寿。年高的长者，子侄辈发起庆寿，属于家庭祝寿，寄发请柬即可。国家的功臣，由晚辈、学生，最好是由社会名流替他发起，可以刊登启事、邀请敬仰他的朋友、学生参加。

1. 祝寿活动的发起与准备

庆祝老人的寿辰，应该由子女或亲戚朋友出面举行。

通常父母到了七十寿辰，子媳应给父母祝寿（过生日），范围是至亲好友，来往密切的亲戚，设家宴庆寿。八十、九十更应好好祝寿。逢十才称大寿，和国家大庆一样，国庆四十周年、五十周年才隆重庆祝。隆重才称得上"大"。

过"生日"与"祝寿"，按字义上说没有什么分别，但实际上却大不相同，年轻人30岁以下不能称"寿"，许多人在50岁以前只在家里悄悄过生日。到了50岁以后，家中的子女或家戚朋友就会为他们祝贺寿辰。

应该说，祝寿是家庭中的大事，不管老人愿不愿意给他祝寿，为人子女、媳妇的都要尽到孝顺之心。有一些家庭不够和睦，两代人中间有这样那样的矛盾，通过祝寿可化解矛盾、调理情绪，会使这个家和睦起来。老年人往往爱唠叨些旧话，往往训斥子女媳妇多一些。老人自身当然该谦虚点，克制些，不要对自己的子女媳妇要求太高太严。

礼仪提醒

　　在祝寿活动中，作为老人，不可发泄不满，挑起争吵。作为晚辈，更应理解体谅老人的心情，要恭顺一些，别伤老人的心。

　　庆寿发起者更需要邀请亲朋好友参加庆寿活动，并发出寿柬。寿柬即是专门用于邀请亲友前来参加自己长辈寿辰的请帖。民间一般是 50 周岁及 50 周岁以上的长辈，逢整十的生日举办庆寿活动。

　　庆寿活动的发起者需要向亲友发出寿柬，即庆寿柬帖。庆寿柬帖与其他喜庆柬帖不同，通常都是由子孙或亲友具名的，不由寿星自己具名。寿柬的格式和写法除了按请柬要求外，**还有其固定的用语，如父亲称"家严"，母亲称"家慈"，男子生日称"悬弧"，女子生日称"设帨"**。儿子自称"承庆子"，若有祖父母在，则自称"重庆子"。在寿柬的款式上有横排，也有竖排两种。

　　寿堂的布置，一般在正厅墙壁中间挂一幅红底金字的大寿字。有些地方男寿挂南极仙翁、女寿挂瑶池王母，也有的不论男女都挂八仙庆寿图、三星图等象征高寿的画轴。寿堂正中设礼桌，上摆寿桃、寿糕、寿面、香花、水果等。寿翁或寿婆上坐，子媳晚辈鞠躬致敬。如系亲友、团体发起的祝寿，大半租用公共场所的礼堂。

礼仪提醒

　　给父母祝寿要注重实际。给老人添置衣服、被褥、鞋、帽，要让老人穿戴得舒适。对有病的老人要特别照顾，及时治疗，买些滋补品或治慢性病的有效对症良药作寿礼，让他（她）生日愉快些。在家里宴请至亲好友，要先照顾老人的口味和爱好。如果老人要安静，不愿张扬和应酬太多，子女、媳妇应顺其意，表表祝寿心意即可，不一定要请客办寿宴。

2. 祝寿庆贺的基本仪式

祝寿无一定仪式，通常请寿翁出堂受贺，参与者行三鞠躬礼。德行显赫的长辈前来祝寿，可由主持人代表众人致答词，有的寿星"避寿"，只让子侄辈在礼堂答礼，表示谦虚，意思是不敢远劳亲友祝贺，也有的是因寿星不喜烦嚣，借故偷闲，由子侄、学生去应酬的。

寿庆的酒席，比其他喜庆的招待丰盛些。大型祝寿是大宴宾客，还可印纪念寿集、寿笺、寿翁寿婆照片或其他纪念品。家宴可以随意些。

作为子女，或应邀参加庆寿活动的亲戚、朋友，应尽量参加老人的寿宴。老人寿辰时，他们在乎的不是你送什么礼物，而是自己的子孙儿女或亲戚朋友能不能都围在自己的身边。所以，即使你不喜欢这样的场合，或者没有什么礼物送给他们，也应该尽可能参加，让老人的心中感到安慰。一个电话或者连电话都不打的人显然做得非常不好。行礼要庄重。抱拳作揖、鞠躬或握手等，以恭谦的态度表示对长者寿辰的衷心祝贺。举行祝寿礼仪，过去一般是同辈抱拳打躬；晚辈鞠躬；儿孙辈有的地方行跪拜礼。现在，同辈一般改为握手；晚辈或儿孙辈也只需鞠躬就行了。**如"寿星"思想守旧，希望行旧礼而自己又不乐意时，可以托词稍作回避，不要当场拒绝以免引起不快。**

旧时寿庆仪式比较讲究，大致有以下程序。

- 请老寿星就位，点寿蜡。
- 敬神佛、敬列祖列宗。（献寿桃、供品、烧钱粮）。
- 请外家爷给老寿星披红搭彩，儿子女儿侄子侄女外甥外甥女及亲朋给老寿星披红搭彩。
- 致祝寿词、致答谢词。（儿女致答谢词）
- 儿子儿媳给老寿星拜寿，行三鞠躬礼，敬寿酒。
- 女儿、女婿，侄子侄女、外甥、外甥女给老寿星拜寿，行三鞠躬礼，敬寿酒。
- 邻里代表给老寿星祝寿，行鞠躬礼，敬寿酒。
- 孙子孙女、外孙外孙女给老寿星拜寿，行三叩头大礼，敬寿糕。

- 请老寿星撒金果、元宝。（寿星委托代理人撒）
- 祝寿仪式结束，请各位宾客入座，准备开宴。

在寿庆宴席上，有两项内容似乎是必不可免的：一是要由寿星吹生日蛋糕上的蜡烛，然后分吃蛋糕；二是要吃面条，以讨长寿的口彩。

3. 参加祝寿者的礼仪要求

庆祝老人的寿辰，显然与举办自己的生日聚会或者参加朋友的生日聚会不一样，参加者需要注意一些礼仪要求。

◇ 穿着有讲究

参加祝寿活动的服饰宜选用色调明快、含有吉庆之意的红、黄等包。切忌穿全黑、全白的服装，也忌穿黑白相配的服装。

参加老人寿宴的时候，也不要穿得过于夸张、个性。对于学生来说校服未尝不是一个很好的选择。

◇ 对老人的祝寿之词要说得恰当合适

当需要你说一些祝福的话来表达自己的情意时。要尽可能地大方自然，说的话可以简单简短，但是一定要吉利，要说一些老人喜欢听的。相信每一个老人听了"健康长寿"、"寿比南山"之类的字眼都会很高兴。

◇ 精心选好寿礼

寿礼一般可选包装精美、做工精细、含有祝贺健康长寿、吉祥如意的食品或物品，如寿糕、寿联、寿匾之类。**寿诞前一晚，亲人要把礼品送来，参加祝寿活动。**有关礼物的选择，下面将会作专门的介绍。

礼仪提醒

寿礼不要追求奢华昂贵，可以是自己亲手制作的，也可以是自己省下一些零花钱买的。只要是能代表你的心意，哪怕只是再简单不过的一件小东西也能讨得老人的欢心和高兴。

4. 向寿星致祝寿辞的礼仪

为老人庆寿能体现出中国式大家庭中的那份特有的血缘之情和浓郁的姻亲之情，其祝寿场面隆重热烈，充满着温馨。以下是不同身份的人致祝寿辞。

◇ 儿子的祝寿辞

例句：

今天是老母亲八十大寿。母亲的养育之恩，儿没齿不忘。您用母爱哺育了我的魂魄和躯体，您的乳汁是我生命的源泉，您的眼里长系着我生命的希冀。值此母亲寿辰，敬祝您健康如意，福乐绵绵。

◇ 女儿的祝寿辞

例句：

妈妈，今天是您八十大寿，女儿向您拜寿了。人说，女儿是妈妈的小棉袄。这话千真万确。儿行千里母担忧，上学时每次我放假回家总要偎在妈妈的怀抱里，那怀抱是多么的温暖，似乎还闻得见奶腥味呢。妈妈，我身上还留有您的体香，脉搏里奔腾着您的血液，性格上烙有您的印记，思想里有您的智慧……感谢您，生我、养我、育我的妈妈，女儿祝您福体康泰，寿与天齐。

◇ 儿女为父祝辞

例句：

今天是爸爸的六十寿辰。首先，我代表爸爸及全家，对前来祝寿的各位亲朋好友表示热烈的欢迎和深深的谢意。

父母的爱是崇高的，我从爸爸的身上，深刻地体会到这种只求给予、不求索取的无私的爱。

过去家里很穷，妈妈又去世得早，爸爸含辛茹苦地把我们兄妹拉扯大并供养我们上了大学，这舐犊之情、养育之恩，令我们兄妹终身难忘。虽说平时我们也尽了孝道，但由于各自工作繁忙，还是有忠孝不能两全之憾。今天给爸爸过六十寿辰，也是我们做儿女的早有的共同心愿。

值此春回大地、万象更新的良辰，我们衷心祝福爸爸福、禄、寿三星高照，吉祥如意。现在我提议，让我们共同举杯，祝爸爸健康长寿，大吉大利，干杯！

◇ 学生祝辞

例句：

我不是您最出色的学生，而您却是我最尊敬的老师，在您寿辰之际，我要把一份崇高的敬意献给您。在人生的十字路口，是您向我伸出了热情的手。那手是路标，于是我从彷徨中坚定，从思索中清醒。一颗不被注意的心，往往是最需要阳光的。老师啊，您那温暖的大手，曾多少次抚慰过我的心。您的爱，您的情，我会珍惜，我会珍藏，直到永远、永远……尊敬的老师，我祝您拥有快快乐乐的生日，长长寿寿的明天。

5. 给寿星赠送礼品的礼俗

给自己的长辈、老师、亲朋祝寿，需要送上一份礼物，这是千百年来的礼俗，今日也不例外。

祝寿礼物可分为如下几种。

◇ 送红包

在老人做寿的这一天送礼金，仍是很好的庆贺礼节，钱不在多，重在双数吉利。

◇ 送物品

祝寿礼品要突出祝寿主题。最好是根据寿星的需要和爱好送礼，如对年迈或身体欠佳的老人，则送滋补药品、滋补食品、手杖等。

也可以送衣服、衣料作为寿礼。**在送衣服时**，过去很多地方的传统习**惯是要送丝绸衣服，因为这寓意有如抽不断的蚕丝一般的长寿绵绵。**对爱好钓鱼的老人，送上鱼竿、鱼钩、鱼标等一套工具。除祝贺类的礼物，有人还为寿星买些方便生活的物品。祝寿礼品要突出祝寿主题。有些地方给寿星送玉制小佩件，上面为吉祥图案，有寿星、蝙蝠、龙、虎以及刻有福禄寿字形的图形，还有十二生肖为内容的图案，此外还有观音、如来、弥勒等佛像用来佩戴，祈求平安吉祥。

 礼仪提醒

在送各样寿礼时，尽量用红色或彩色纸张、绸缎包装好，外面还写上贺词，如"寿比南山"、"人寿年丰"、"康乐益寿"、"福高寿永"之类。

◇ 送喜庆礼品

有人给寿星送上花篮或鲜花，用以增加寿礼的气氛。鲜花是送长寿花或万年青，长寿花象征"健康长寿"，万年青象征"永葆青春"。花枝数以"九"为宜，因为九是"阳数"，象征天长地久。有人利用大众媒体赠送"空中礼物"，先是利用广播、电视等大众传播媒介为寿星点歌，后又点播戏剧、小品、相声等。有人寄送"纸祝寿卡"，把真情寓于其中。这些饱含真情的礼品都能使寿星喜出望外。

6. 适宜用于祝寿的各类礼品

按照我国的传统，祝寿礼品有很多种。下面着重介绍一下寿幛、寿屏、寿蜡、百寿图、福禄寿图等等。

◇ 寿幛

寿幛是在我国运用得非常广泛的一种祝寿礼物，后来已成为布置寿堂时必备的一种装饰。**一般是在整幅或大幅的布帛上写上吉祥的祝语贺词，向人表示祝贺寿辰。**所用的布帛一般为红色或金色，大小如中堂。从明代起开始流行幛词，并在此基础上逐渐形成寿幛。

◇ 寿屏

是用作祝寿礼物的书画条幅，上面题写吉语贺词或画上八仙、寿星之类内容的画。寿屏有两种，一种为四条幅、六条幅或八条幅，联列成组，便于挂在墙上；另一种是雕刻或镶嵌的祝寿用座屏或插屏，便于陈设在几

案之上。

◇ 寿蜡

寿蜡即寿礼专用的蜡烛，一般为红色，长约 30 厘米左右，重约 0.5 公斤，蜡烛上印有金色"寿"字或"福如东海""寿比南山"一类吉祥祝语。举行寿礼时放在寿堂香案蜡扦上，放置寿蜡的数量各地不等。寿礼开始时点燃寿蜡，既有祝贺的意思，又增添许多欢乐喜庆的气氛。

◇ 百寿图

百寿图是一种专用于祝寿的礼品，既可以用于寿幛，也可以用于寿屏。基本形式是这样的：**在一个大"寿"字的笔画中，布满一百个字体各不相同的小的"寿"字。**

◇ 福禄寿图

"福禄寿"是传统"五福"概念进一步集中和浓缩的产物，它们代表了世俗社会的基本追求。因此，以表现"福禄寿"为题材的图画，也就成了祝寿庆典上最常见的物品。不但自家寿堂大多悬挂此图，许多来宾也大多敬献此图。画面通常是一个和蔼可亲的老寿星，持杖牵鹿，杖头挂葫芦或仙桃，也可以手捧仙桃，身旁有几只飞舞的蝙蝠。蝙蝠、鹿（或葫芦）和寿星仙桃，分别寓意福、禄、寿。**有些地方的福禄寿图，还在寿星身后画上一个正翘首仰望蝙蝠飞来的小童，这叫做"翘盼福音"，充分体现出人们对幸福长寿的渴望。**

◇ 寿山福海图

寿山福海图常作为家人为老人祝寿时悬挂于寿堂的礼物，亲友贺寿也常赠此图。图案大体为巨大的岩石兀立于大海之中，天空有飞来的蝙蝠。岩石代表山、蝙蝠寓意福，整个画面寓意"福如东海，寿比南山"。

◇ 龙凤图

龙凤图是画在寿器上的一种图案。在寿器的左边画一条昂首腾飞的彩龙，右边画一只展翅飞舞的凤凰。寿器上画龙凤图案的人必须是有功名或为乡里建立过功勋的，否则不能画这种图案。

◇ 松鹤长寿图

松和鹤本来是风马牛不相及，而且，作为水鸟的白鹤几乎完全不可能出现在松树下，更不会停留在松树上，但在祈求长寿愿望的驱动之下，人们却大胆地突破了自然的限制，把松和鹤摆到了一起，用来作为长寿的象征。在画面处理上，一般是画一株挺拔苍翠的青松．树上或树旁画上一只美丽的白鹤，背景则为白云、远山、太阳；画面题款多为"松鹤延年"或"松鹤遐龄"之类。

延伸阅读：

各类祝寿艺文的撰写

祝寿艺文，即是以文艺的形式给寿星祝寿，包括对联、诗、词、散文、绘画，还有寿匾、寿屏和寿幛等。送祝寿艺文是我国源远流长的祝寿礼俗，当代仍在流行。祝寿艺文是给寿星恭送的一份精神礼品，是祝寿的一种好形式，既可烘托祝寿的气氛，也可对寿星的心理健康起到积极的作用。在祝寿活动结束之后，一般会将贺联、贺诗、贺词、散文等辑集为一册，以之作为重要的纪念品，并保存和流传下去。

7. 祝寿楹联的撰写格式

祝寿楹联，其内容多是称颂寿者之功德，评价寿者之业绩，并祝寿者健康长寿。**但要根据不同的寿者对象选用不同的联句或通用联句。**

祝寿楹联有男女通用联，此中分"纪岁寿联"，即按照"寿星"的年龄，书写相应的贺词：如五十寿联、六十寿联、七十寿联、八十寿联、九十寿联、百岁寿联等；有男寿联，也就是专用于为男性祝寿的对联，此中也有"纪岁寿联"；有女寿联，也就是专用于为女性祝寿的寿联，此中同样有"纪寿岁联"；有男女分月寿联，即根据在不同的月祝寿而写作不同的对联；有双寿联，即为老夫老妻二人共同祝寿的寿联。**编写祝寿对联是根据各不相同的情况而论，情况不同，祝语的称谓、措辞、用典等也有所**

区别。

◇ 四字联

名高北斗　如松如鹤　幸逢盛世　福如东海　人歌上寿
寿比南山　多寿多福　乐享退龄　福星高照　天与退龄

◇ 五字联

寿添沧海日　八旬酬盛世　瑶池春不老　松柏老而健
松祝小春天　一生焕清辉　寿域日方长　芝兰清且香

◇ 六字联

乃武乃文乃寿　笑指南山作颂
极天地而永寿　如梅如竹如松
喜倾北海为樽　与日月兮齐光

◇ 七字联

福如东海长流水　高龄稔许同龟鹤
福星高照满庭庆　寿比南山不老松
瑞世应知有毛如　寿诞生辉合家欢

◇ 八字联

桃李增华坐帐无鹤　花放水仙夫妻偕老
琴书作伴支床有龟　图呈王母庚娑双辉

◇ 男寿用联

古树寻千碧　蟠桃几度红
朱颜醉映丹枫色　华发疏同老鹤形
银花火树开佳节　玉液琼酥作寿杯

◇ 女寿用联用语

慈萱春不老　古树寿长春
青松多寿色　丹桂有丛香
福护慈萱人不老　喜弥寿树岁长春
丹桂飘香开月阙　金萱称庆咏霓裳

◇ 双寿用联用语

双影今宵月光照　齐眉此日秋色分
二老承欢年养志　群芳献寿杏争春

◇ 寿联横批用语

青松不老　德高望重　志壮年高　全福全寿

有寿有福　福宏寿长　鹤算添筹　海屋添筹

礼仪提醒

　　撰拟寿联，必须分清对象，确立主旨，选用恰当的词句。对人恰如其分，不务虚华，使看了即了解其意义，引起共鸣。寿联为求其以少数文字，包含很多的意思，所以多用文言文，并且多用成语、典故、专名。但在用成语、典故、专名时，必须先了解其含义，如祝60岁寿用"花甲"，祝70岁寿用"古稀"等，而不可随便使用。

8. 祝寿寿幛的撰写格式

　　寿幛是用绸布题字为祝寿之礼，也称礼幛。一般在整幅的红绸缎，剪贴喜纸。有用红纸的主轴，能称"寿轴"；也有外装玻璃框的，通称"寿屏"。

　　寿幛有直式与横式之分，不论直式与横式，皆采用长方形。寿幛的撰写，应考虑到寿者的身份、年龄、职业等因素，用语多为赞颂性或祝福性的。**寿幛用字简短，有一个字的，如"寿"字；有四个字的，如"寿比南山"等，通常以四个字为多。**

　　寿幛题辞为四字的，在四字当中，有一定的平仄声规律。大概是以平声开始，必以仄声收尾；仄声开始，平声收尾。这就是普通所说的"平起仄收，仄起平收"。

◇ 通用寿幛用语

庆衍古稀	呈辉南极	萱草长春	南极寿翁	老当益壮	柏翠松青
春云霭瑞	双寿无边	寿衍千秋	康乐宜年	松鹤延年	蟠桃献颂
兰桂齐芳	福寿无量	偕老齐眉	鹤发童颜	青松不老	人寿年丰
志壮年高	齐韬武略	龋双寿通			

◇ 男寿寿幛用语

寿比南山	寿山福江	寿如日升	寿比松龄	鹤松延龄	鹤寿延年
柏松同春	钟灵寿考	寿富康宁	唯仁者寿	备福颐年	图开福寿
南极星耀	寿庆古稀	宏德必寿	退龄天赐	既寿而康	蓬壶春到
日永椿庭					

◇ 女寿寿幛用语

寿母宜家	瑶岛春驻	金萱花灿	瑶池桃熟	辉生锦悦	堂北萱茂
慈竹长茂	萱荣堂北	宝婺呈辉	萱阁春永	慈竹耀彩	婺焕中天
瑶池春永	婺彩星辉	懿德增寿	德高必寿	春晖永驻	瑞呈桃实
寿征坤德	寿添萱禄				

𝟫. 祝寿诗的创作要求

赋诗祝寿，对于移风易俗和文化发展，都具有十分积极的意义。为朋友赋诗祝寿，可以起到沟通思想、联络感情、加深理解、增进友谊的作用；**为家人赋诗祝寿，可以使亲人间的爱心贴得更紧，在思想感情上更加相融相谐、契合无间，有利于家庭成员间的和睦相处；**为自己赋诗庆寿，也可以加深时无重至，华不再阳之感，以利于反躬自省和自勉。

◇ 祝男寿诗

南极星明映少微，笙歌缥缈奏庭闱。

蝇头细字犹能读。鹤发高年早已祈。

月下兰茨耆碧玉，筵前桂子舞斑衣。

称觞愿进长生酒，凫履翩翩振翅飞。

泛水红荷十里香，蔽天绿叶木千章。

旁无俗子同居巷，中有腥仙一瓣香。

羽觞添筹宁有涯，彩蔼绕屋瑞无疆。

双凫便合青松上。笑看儿孙乐未央。

◇ 祝女寿诗

五言诗：

玉树盈阶秀，金萱映日荣。

九旬光宝婺，百岁晋霞觥。

七绝：

教子忠诚更教孙，懿行淑德仰慈云。

蟠桃果熟三千岁，紫竹筹添九百春。

七律：

母贤子孝古今扬，避敌存孤有义方。

业创扶桑循懿训，心原宗国定行藏。

贸迁称盛宏经济，甘旨承欢焕德光。

星照北堂开寿域，九旬为晋九如章。

◇ 自寿诗

祝寿一般是子侄、学生或知名人士发起的。**但也可以用自寿诗形式回顾过去，展望未来，嘱咐后辈，表达自己谦逊之意，这样会得到更好的效果。**

六十自寿：

青山王诞值阳春，我埔明神共吉辰。

仙佛播恩崇圣德，儿孙聚首乐天伦。

朝回把笔诗情动，日晚欢心酒酌频。

但愿安康腰脚健，百年犹见壮吟身。

七十自寿：

马齿徒增七十秋，驹光催促已蟠头。

满怀功业难如愿，半榻琴书好自由。

钓雨犁云减岁月，吟风弄墨狎江鸥。

荔园一角忘机地，黄卷青灯老未休。

八十自寿：

耄耋年华巳杖期，优游岁月任逍遥。

盈庭馥郁芝兰秀，满卷诗词藻采骄。

物换星移回斗柄，珠联锦缀倚廊腰。

从知寿伯江郎老，闲咏低吟忘暮朝。

二、祝贺结婚礼仪

结婚不光对新人来讲是一件十分幸福的事，对被邀请前去参加婚礼的亲朋好友而言，也是一件十分幸福的事。想必，现实中大多数人都有收到"喜帖"的经验，不过有时想去喝喜酒却不知穿什么好，红包应该包多少等问题，左思右想苦恼了老半天却还拿不定主意。这其中有一些禁忌得知道，有一些礼数一定要顾到，以免在喜庆场合，做出不合宜之事，破坏氛围，影响婚礼。

1. 穿着得体，服装要喜庆

就服装而言，一般来说是没有特殊的禁忌，颜色搭配除了不用黑色以外没有特殊要求。不过结婚典礼是个喜气十足的场合，当然不能太寒碜或随便。毕竟是公共场所，而且极可能遇到自己认识的人，怎能不好好打扮一番？**而且，参加婚礼时穿戴整齐是对主人基本的尊重。**

男孩的服装可以简单一些：西装、衬衫和领带足以把你打扮得够帅气。

女孩的着装就比较复杂了。如果只是参加婚宴，那么套装、连衣裙就可以了。如果你是去参加一个很正式的婚礼，那么你最好穿一身小巧、别致的套装。但是，无论你的穿着多么与众不同，都不可以袒胸露背，这样既会招来别人的侧目，显出你对婚礼的轻视，也会令自己显得太过轻浮。

正式的婚礼通常都很隆重，要注意的礼节也相对较多，对观礼者服饰的要求便是其中的一项，尤其当婚礼是在一个传统的寺庙或者大教堂举行的时候。**如果婚礼之后有舞会，或者主人在喜帖上注明，也要穿着较隆重的衣裙。**

但是，不管你多么想穿得光鲜艳丽，千万不可太过花枝招展，因为那天的主角是新娘和新郎，如果打扮得太抢眼，有时会让在场者有些摸不着头脑。

延伸阅读：

参加婚礼穿着不可太朴素

有的人参加婚礼时，穿着绝对没有抢新人的镜头，也绝对没有戴黑纱给人晦气之感。但他们穿得过于平常，身穿便装、牛仔服、运动鞋。有的老年人，干脆穿着早看不出本色的大背心来参加婚礼。

一句话，穿得太朴素了，以致让人怀疑他们是在逛大街。

参加婚礼穿得过于朴素给人的感觉有一点：

一是你对新人的终身大事根本就不重视，是对新人的不敬，如果你是新人的至交或亲戚，对方必定会不愉快。

二是是你故意制造穷酸相给新人看，表示嘲讽。

三是会影响婚礼的和谐、喜庆气氛，让人觉得不伦不类。

所以，在参加婚礼时，穿着方面应注意以下几点：应穿带有喜庆色彩的、做工精细的高档服装；女性应适当化妆；应避免穿居家服饰，如休闲服、拖鞋等；衣服应整洁干净，不宜穿破旧不整的衣服。

2. 锦上添花，礼品要巧送

结婚是人们的终身大事，它标志着两个生命的永久结合。而举行婚礼，就是对人生这一具有纪念意义的日子表示喜悦与庆贺。送结婚礼，这是世界各国通行的礼仪。受到邀请参加婚礼的亲友，一般都要给新婚夫妇送礼祝贺。

送结婚礼时如果能考虑到新郎、新娘的爱好，挑选他们中意的东西送，那是最好不过了。一般情况下，可以送有纪念意义的工艺品、美术品，也可以送些实用的物品，如婚后家庭生活所需的各种餐具、厨具、衣料织物、床具、装饰用具、妇女装饰品以及其他有纪念意义的礼品，或干脆随份子，送现金。但不管送什么贺礼，都需进行喜庆祝吉式的包装。如果是实物，则用红纸包装，系上红绸带，贴上红双喜剪纸，还写上一句祝辞，如"偕老百年"、"花好月圆"、"琴瑟友之"、"天作之合"、"永结同心"、"花开并蒂"、"燕舞莺歌"、"佳偶天成"之类的话。也有人附上自己的名片，以示送礼之人。

一般在婚礼中可多考虑送如下礼物：

◇ 赠送喜联喜幛

结婚赠送喜联喜幛，最为高雅，适宜交游广大、结婚场面铺张的受礼者。喜联喜幛，一般礼品店均可代制，只需告诉受礼者与送礼者之姓名，及两者关系，并说明是喜庆就可以，但如能亲笔书写，当然更有意义。

◇ 贺函贺电

异地亲友结婚，虽不能亲赴道贺，但若利用贺函、贺电，甚为方便。贺函可随附礼金。

◇ 赠送礼券

现在有的单位，用礼券送人，如用礼券作为礼品，既没送礼金的俗气，又可由受礼者自由兑换他所需要的实物，甚为理想。

◇ 赠送现金

赠送现金，送礼者取其方便，受礼者得其实惠。礼金不论多寡，习惯上须双数。**从实惠角度上讲，至少不要使受礼者亏本，送礼吃喜酒，大家热闹一场。**近年来不少地方这种风气甚为普遍，形成浪费，就不应提倡了。总之，既要彼此节约，又要顾到礼数，不要勉强摆阔才好。

除此之外，结婚送贺礼还有以下几点必须注意。

其一，有些亲友尽管有了喜事，但不愿铺张，如果贸然送礼，反而不妥，要尊重亲友的选择。

其二，收到请柬后要马上回复，即要有礼貌，又要为主人安排婚礼提供方便。如果你有小孩，一般还是不带为宜，除非请柬上书有"全家"字样，或写明孩子的姓名等。

其三，结婚礼物以钱或实物为主。目的是帮助新婚夫妇建立一个新家庭。有时由于路远、时间紧或意外情况不能参加婚礼，但祝贺礼品不能少，或事前或事后，或书信或电报向新人祝贺。一般均在事前，有些地方实行事后不补礼的习俗，否则被视为不吉祥。

其四，在中国，送礼有"好事成双"的说法。**送结婚礼更要注意数字上的禁忌，所送的礼物，都要为"双"，忌讳"单"**。如果送酒，不管是什么好酒，送结婚礼时，应送双数。另外广东人忌讳"4"这个数字，因为"4"与"死"在广东话中读起来相近。日本人、朝鲜人也忌讳这个数字，连办公室、宾馆门牌号、楼层号都在逢4时改用其他。西方人忌讳"13"更是众所周知的事。目前中国人对"8"普遍感兴趣。

其五，结婚是喜庆的日子。**在礼品颜色或包装颜色的选择上要注意不要用哀丧之色**。我国人民普遍忌讳黑色，认为黑色是凶灾、不吉利，与漆黑联系在一起，意味着死亡。对纯白色，我国人民也较忌讳，认为是悲哀、贫穷之色。日本人视绿色为不祥。欧美人也视黑色为哀丧之色。我国人民较偏爱红色，认为红色的礼物具有传统喜庆的意味。

其六，在我国，文字音符也要考虑，送给婚礼时，不要送梨。因为"梨"与"离"同音，含离异之意，不吉利。也不要送"钟"，因钟与"终"同音。

其七，送礼应得体。所谓"得体"，说得明白一点，就是要能适合受礼者的需要。譬如你的朋友（亲戚）是一位交友广泛、经济富裕的人，你预备送他一百元的礼金，不如省下五十元买一幅喜幛，或省下七十元买一幅礼轴写上颂词来得得体。相反的，如果受礼者是一位经济并不富，而且生活亦很节俭的人，就应该送礼金比较好些。

礼仪提醒

在送礼之前，必先对受礼者的个性、教育程度、风俗习惯、经济状况等，加以了解分析，再行选择送礼的方式，才不会失礼。

3. 婚礼送花应寓意吉祥

婚礼是隆重而喜庆的场合，送的花常要寓意吉祥，且注意一些送花禁忌。

◇ 勿送寓意不好的花品

结婚用花品种的选择是一门学问，也是一门艺术，并不是什么鲜花都可以拿来赠送新人的。结婚用花最关键的一步是花语、花形、花色的选择以及花材品种的正确使用，一般多以玫瑰、郁金香、百合、康乃馨等为主，结婚用花的陪衬花材有满天星、一叶兰、常春藤、文竹、花叶芋、天东草等。**这些五彩的花材为新人们的婚事增添了温馨的氛围，以其自身丰富的寓意祝福新人们百年好合，白头偕老。**千万不要送一些颜色暗淡的、或者寓意不好的花束，尤其格外注意不要在送的花束里夹杂有菊花、马尾草等，这会严重影响送花表祝福的效果。

◇ 勿送不新鲜的花

鲜花的保质期一般都不会太长，参加结婚典礼，如果要送一束鲜花表达祝福之情，千万要注意鲜花的新鲜度，最好是买当天的鲜花。这样看起来鲜艳、生机勃勃，不仅会给新人带来美好的心情，也能显示出送花人的品位与细心。如果是送的鲜花有那么一朵或者几朵出现了枯萎、黄叶，可想而知后果将是多么的尴尬。

◇ 勿送单一花品的花束

中国的婚礼和西方的婚礼在礼俗上有着一定的差别。西方婚礼更趋于随性，送花可以就个人爱好送一些花品单一的花束，例如一整束百合、玫瑰之类。但是，在中国的传统里结婚讲求喜庆、合欢，**送花应该对选几种能够符合婚礼氛围的花品，组合成一束鲜艳、美丽的花束，最好不要只单买一种花品组成花束。**

1. 传统婚仪礼仪的基本程序

男女双方从相识到结婚，旧时结婚讲究"父母之命，媒妁之言"，结婚成亲往往要经过"六礼"：即周朝定制的纳采（请媒人到女家说合）、问名（问女方名字及出生年月日时）、纳吉（女方与男方合八字）、纳征（女方收聘金彩礼）、请期（约定婚礼日期）、亲迎（新郎接新娘举行婚礼）。特别是"合八字"，尤疑带有浓厚的封建迷信色彩。

经过历代的演变，新婚礼节有所简化，特别是新中国成立后实行恋爱自由、婚姻自主，破除了封建迷信，省去了一些繁琐的环节。现时通常采纳四道程序，也称"新婚四礼"，即订婚、领证、请期、迎亲等。下面略加介绍。

◇ 订婚

经过自己恋爱或介绍人介绍，男女双方两厢情愿，同意约定终身，但结婚条件尚不具备或未达到法定婚龄，为使双方吃个"定心丸"，通常由男女双方和家长合议，写张"红单"（格式附后），谓之"订婚"。有的人家订婚时也办酒席，邀请介绍人、单位领导、双方主要亲戚或双方好友参加，作为订婚证人。订婚一般在女方家进行，也有双方联合在酒店进行的，不论在哪一方订婚，统由男方买单，男方还要发红包给女方的主要至亲。农村订婚时要燃放鞭炮，以告他人知晓。订婚通常不具备法律效力。

◇ 领证

双方已达到法定年龄和相关条件，即可到当地政府民政部门申请登记，领取结婚证书。有了结婚证，婚姻关系就有了法律保障，任何人不得干涉。**领证是结婚必须的程序，绝对不能省略，否则就是非法婚姻。**领证之后，双方一般都去照相馆拍婚纱照，或在新房悬挂，或装订成集，以作终身纪念。还要买些喜糖分发同事、好友、长辈、邻居，以示庆贺。

◇ 请期

所谓"请期"，即由男女双方家商定结婚日期后，用书面形式告知女方家（格式附后），请新娘父母作好准备，届时上门恭迎新娘。送"请期"

时要配上礼物（按地方风俗配备），由介绍人陪同新郎送呈女方父母。只要双方满意，也可由男方上门用口头形式告知，但仅用打电话、传口信的方式通知不妥，有礼信不周之嫌。

◇ 迎亲

"迎亲"即是迎娶新娘，这是婚礼中最隆重、最热闹的程序。婚礼前十天新郎约同几个迎亲人过礼，送礼帖。婚庆之日，新郎在迎亲队伍的陪伴下，坐着装饰一新的花车（新郎新娘专车）、婚车（高亲及陪同人员专车）到女家接新娘过门。车队行至女方家不远时，须点燃爆竹报信或用手机告知，女方家亦以鞭炮相迎。女方家将新郎迎进后，以茶点果品或肴席款待，迎亲车队返回男方家时，男方家亲友列队迎接，燃放烟花爆竹，有时还演奏鼓乐。现在，请亲家过门一般也同时进行，女方父母、叔伯父母和兄弟姐妹等亦随车前往，有的连女方祖父母、外祖父母、姑父母、舅父母、姨父母一并相请。女方亲家亲戚到达男方家时须有专人作陪，亦以茶点果品酒水款待。**在婚礼酒宴上须设高亲专席，供女方家长、亲眷入座，并有专人陪酒。**

现在迎亲习俗，各地有所不同。在湘东一带大体如此：首先，新郎、新娘都要提前化妆。提前扎好婚车，伴郎、伴娘要及时到位，迎亲车队按预定路线出发去新娘家。到达新娘家时，如遇"闹喜"（即朋友、小孩和邻居凑热闹），新郎要分发红包和喜烟、喜糖。有的地方还有"关门讨赏封"的习俗，迎亲之日，新郎将至女家时，女家的帮忙人忙将大门关上，露开一间隙，这一间隙就是要新郎或伴郎将红包塞进，塞少了还不行，聪明的新郎干脆把预备好的小红包统丢在门缝底下，让里面的人去抢，结果门一下开了，新郎便可乘虚而入。

礼仪提醒

现在，"关门讨赏封"已改为"关车讨赏封"，如果新郎不给赏封就不让出车门，其实没有必要。因为男家已在礼目中立了赏封"杂仪红包"，就是为了犒赏帮忙的人，由总管分发，钱虽不多，仅够买包廉价的香烟，但应皆大欢喜。

　　新郎进屋后，把由男方柜房准备好的礼物和礼金交给女方柜房，由女方柜房先生点发。其中有"离娘封"。接着新郎要给新娘父母敬"改口茶"（此后改口叫爸爸妈妈），先由伴娘端茶递给新娘，再由新娘递给新郎，新郎敬茶，新娘父母接过茶，喝了口表示谢意，并给女婿红包。（或进入仪式），新郎新娘要共吃甜汤（花生、桂圆、红枣、莲子等烹饪），新娘在娘家吃甜汤，只能吃一半（表示以后回家再吃）。新娘出门时，要行一个简单的"新阁酬恩礼"仪式，然后由新郎抱新娘上车，或由伴娘扶上车。过去，背新娘上轿，在一些地区、一些民族中盛行。**据说新娘换上新鞋后，不能沾娘家的土带到男家去，说沾了女家的土对女家不利**。现在，本应由女家兄长或族兄背新娘上车改为由新郎抱新娘上车已成习俗，既省了赏封，又加深了新郎、新娘之间的依恋和宠爱，何乐而不为！

　　到达新郎家后，新郎要抱或背着新娘到厅堂，即行结婚仪式（过去称拜堂之礼）后入洞房。新娘要给公婆敬"改口茶"，先由伴郎端茶递给新郎，再由新郎递给新娘，新娘敬茶，公婆接过茶，喝三口表示谢意，并给新儿媳红包。入席时，由礼宾小姐陪着新郎、新娘向来宾敬酒以表谢意。

　　如果是在酒店举行婚礼，或由酒店的司仪主持，或由专业婚庆公司操办，场面更为壮观。装饰一新的大厅里布满鲜花和喜字，新郎要抱着或牵着新娘走过红地毯，在欢快的乐曲声中与双方父母、介绍人、证婚人一起登上婚礼台。有证婚人、介绍人讲话，有主家代表致答谢词。新郎、新娘要奉花，要交换戒指，新娘要喝"改口茶"，要行"拜堂之礼"，还要喝交杯酒，酒家小姐要送吉祥娃娃等。主持人往往幽默风趣，常引得全场开怀大笑。

5. 教堂婚礼的礼仪程序

　　教堂婚礼，顾名思义，即在教堂举行的婚礼。传统的教堂婚礼，在庄严肃穆的教堂举行，以纯净的心，相互祝福，相互祈祷，使婚礼的本身充满时尚、浪漫的气息，这种新颖的婚礼形式逐渐受到都市白领及知识阶层的青睐。参加婚典的来宾先于花车到达教堂或庆典中心签到；花车到达教堂后，由伴娘引路，新郎新娘携手步入爱的圣殿（奏婚礼进行曲）；新娘的父亲将女儿交给新郎；庄严的结婚仪式开始。具体而言，教堂婚礼有以下几项程序。

一是许下爱的诺言。主婚人问新郎：你愿不愿意娶××小姐做你的妻子？新郎答：愿意。再问新娘：你愿不愿意××先生做你的丈夫？新娘答：愿意。主婚人又分别问新郎新娘：今后无论发生什么变故，能不能做到永不变心？新郎新娘分别回答：能做到。

二是交换信物（一般为钻石戒指）。**由爱的天使，在司仪的引导下，伴随着优美的音乐，将信物奉到新人面前，并由司仪讲述台词，双方新人当着众人面，交换信物。**

三是甜蜜的吻（一对新人接吻拥抱）。

四是新郎新娘在新婚履历表上签名留念。

五是欢乐时光（向新人撒彩纸、喷彩带）。

六是摄影拍照。

七是婚宴（一对新人合饮交杯酒，同切新婚蛋糕）。

下面将基督教堂的一段婚礼宣示介绍如下，让我们体会一下西方文化的韵昧。

牧师：各位来宾，我们今天欢聚在这里，一起来参加某某和某某的婚礼。婚姻是爱情和相互信任的升华。它不仅需要双方一生一世的相爱，更需要一生一世的相互信赖。今天某某和某某将在这里向大家庄严宣告他们向对方的爱情和信任的承诺。

牧师：某某和某某，现在请你们向在座的宣告你们结婚的心愿。

牧师：某某，是否愿意娶某某作为你的妻子？你是否愿意无论是顺境或逆境，富裕或贫穷，健康或疾病，快乐或忧愁，你都将毫无保留地爱她，对她忠诚直到永远？

新郎：我愿意。

牧师：某某，你是否愿意嫁给某某作为他的妻子，你是否愿意无论是顺境或逆境，富裕或贫穷，健康或疾病，快乐或忧愁，你都将毫无保留地爱他，对他忠诚直到永远？

新娘：我愿意。

（宣读誓言）

牧师：某某和某某，现在请你们面向对方，握住对方的双手，作为妻子和丈夫向对方宣告誓言。

（新娘将手捧花交给主伴娘。）

牧师：某某请跟我说。我（新郎）全心全意娶你做我的妻子，无论是顺境或逆境，富裕或贫穷，健康或疾病，快乐或忧愁，我都将毫无保留地爱你，我将努力去理解你，完完全全信任你。我们将成为一个整体，互为彼此的一部分，我们将一起面对人生的一切，去分享我们的梦想，作为平等的忠实伴侣，度过今后的一生。

牧师：某某请跟我重复。我（新娘）全心全意嫁给你作为你的妻子，无论是顺境或逆境，富裕或贫穷，健康或疾病，快乐或忧愁，我都将毫无保留地爱你，我将努力去理解你，完完全全信任你，我们将成为一个整体，互为彼此的一部分，我们将一起面对人生的一切，去分享我们的梦想，作为平等的忠实伴侣，度过今后的一生。

（交换戒指）

牧师：这里现在有两枚戒指，它们是婚姻的象征，它们完美的圆环代表着生命与爱，象征永恒的爱情。

牧师：现在请新郎把戒指戴在新娘的手上。

（主伴郎从戒童手中的戒枕上取下戒指，递给新郎。新郎将戒指戴在新娘左手的无名指上，然后双手捧着新娘的左手。）

牧师：新郎，请跟我重复，你是我的生命，我的爱，我的挚友。我今天娶你为妻，这个戒指将永远印证我对你的挚爱和我今天对你的庄严承诺。

牧师：现在请新娘把戒指戴在新郎的手上。

（主伴娘从戒童手中的戒枕上取下戒指，递给新娘。新娘将戒指戴在新娘左手的无名指上，然后双手捧着新娘的左手。）

牧师：新娘，请跟我重复，你是我的生命，我的爱，我的挚友。我今天嫁你为妻，这枚戒指将永远印证我对你的挚爱和我今天对你的庄严承诺。

牧师：现在，某某，你可以掀开面纱亲吻你的新娘了。

牧师：从今以后，你不再被湿冷雨水所淋，因为你们彼此成为遮蔽的保障。从今以后，你不再觉得寒冷，因为你们互相温暖彼此的心灵。从今以后，不再有孤单寂寞。从今以后，你们仍然是两个人，但只有一个生命。唯愿你们的日子，天天美好直到地久天长。

牧师：现在请允许我向大家郑重介绍：这是某某及他的夫人某某，让我们一起为他们祝福。

（众人鼓掌。）

宣告完婚，牧师：婚礼仪式礼成，请新人退场。

（奏乐）

6. 婚礼讲话要讲究礼俗

婚礼上有很多致词环节，每个环节致词人使用的文书都是有礼俗讲究的，不可乱讲乱说。下面用举实例的方法，予以具体展示婚礼上各类文书的用法。

◇ 司仪祝词

各位来宾、各位贵客、邻里乡亲：

天高任鸟飞，海阔凭鱼跃，在这大有作为的天地里，到处机声隆隆，人欢马跃；稻花飘香，蛙鸣鸟啼，瓜棚传佳话，麦地蝈蝈叫，场院滚金豆，粮囤比山高！

无农不稳，无工不富，无商不活，改革开放带来活力。市场经济生机勃勃，发展乡镇企业，巨龙充氧输血。喜看稻菽千重浪，欢声笑语满心窝！

在希望的田野上，在山花烂漫的季节里，在美好的夏天，在这浓香弥漫的农家，我宣布×××的婚礼现在开始！

（奏乐、鸣鞭炮）

各位来宾、叔叔大爷、大娘大婶、兄弟姐妹、小朋友、小妹妹：

农家结婚不一般，喇叭声声声震天。

猪肉炖粉条子猛劲造，乐上半夜三更天！

现在请"月老"的代表、和蔼可亲的证人入席。

屎一把、尿一把，好不容易把孩子拉扯大。今个儿他娶媳妇要成家，

93

怎能忘了爹和妈？请双方主婚人入席——

没有梧桐树。引不来金凤凰，拉格带撮合，全靠好红娘，请介绍人入席——

说媒婆，心肠热，见着姑娘她就瞄，见着小伙她琢磨。她自己早就有对象，专为别人来拉格。说拉格，就拉格，大闺女小伙子羞羞答答难开口，就靠媒婆来拉格，三言五语亲就成，质量效率名优特。没有对象的快找她，三更半夜也别放过——这下子麻烦啦！

（请奏乐——）

欢乐乐曲留余音，四方宾客更欢欣，进行典礼第一项、证婚人宣读证书的全文。

——请新郎新娘向主婚人三鞠躬。

养儿育女倍辛勤，结婚不忘父母恩。

——请新郎新娘向父母三鞠躬。

老媒婆，真能磨，说得满嘴冒白沫！

把尿炕说成画地图，把骑狗说成骑摩托，

两边隐瞒净说优点，你说她缺德是积德？

——请新郎新娘向积了大德的介绍人三鞠躬。

——夫妻对拜，交换礼物。

（夸新郎）

看新郎，大高个，高鼻梁，虎背熊腰赛武松，力拔千钧举酱缸。进过城，经过商，闯深圳，访南洋，克林顿吃过他种的小白菜，撒切尔喝过他余的飞龙汤；马拉多纳踢过他种的大萝卜，伊丽莎白挎过他编的柳条筐。了不起，企业家，在烽火台上照过相，在华清池里泡过汤，好小伙子不白给——得过"五一"大奖章！

（夸新娘）

请新娘抬起头，让乡亲看看别害羞。丹凤眉，樱桃口，两个酒窝藏微笑，大眼睛就像黑葡萄，一头青丝如墨染，太阳一晒直流油。过日子，是好手，又养鸡，又养狗，肥猪满圈几十头。五谷丰登粮满囤，院里盖起烤烟楼。吃烧鸡，喝啤酒，盖毛毯，戴金镏，吃喝穿戴样样全，小日子越过越富有！×××你找这样的媳妇美不美？大伙说他应不应该给新娘磕三个头？（答：应该！）——别磕头了，行个礼吧！

下面请新郎新娘向来宾们行感谢礼（三鞠躬）。

叔叔大爷、邻里乡亲、哥们儿姐妹儿有祝贺词的没有？好！没有。本司仪说几句：

种豆得豆，种瓜得瓜，两口子"闷得密"！准生一个胖娃娃，是男是女都喜欢，龙男凤女出自咱农家。男孩长大当工程师，女孩长大当画家。十里稻田蛙声鸣，流水欢歌扬稻花。农村更比城市美，幸福生活乐无涯。

祝愿新郎新娘白头偕老！

祝愿亲朋万事如意发发发！

祝愿双方二老健康长寿！

祝愿大姑娘、小伙子快"拉嘎"！

佳肴丰盛，美酒飘香，请宾朋入席，甩开腮帮，吃饱喝好，心里亮堂！

——婚礼到此结束。请君退席。

◇ 婚礼介绍人致词

新郎、新娘、证婚人、主婚人、各位来宾：

大家好！今天是××先生和××小姐缔结良缘，百年好合的大喜日子。作为他们的介绍人，参加这个新婚典礼，我感到非常荣幸。同时，我也感到惭愧，因为我这个介绍人只做了一分钟的介绍工作，就是介绍他们认识，其余的通讯、约会、花前月下的卿卿我我等等，都是他们自己完成的。这也难怪，你们看新娘这么端庄秀丽，新郎这么英俊潇洒，又有才干，确实是女貌郎才，天作之合。我衷心祝福贤伉俪，情切切，意绵绵，百年偕老，永浴爱河。

◇ 来宾致词示例

新郎、新娘、主婚人、各位来宾：

今天是两家合婚的大喜日子，小弟蒙主人邀请，得以参加盛会，万分荣幸。我代表全体来宾，祝福新娘新郎新婚愉快，美满幸福。

大家知道，社会的昌盛以个人家庭的幸福为基础，家庭的幸福以婚姻的美满为起点，婚姻是社会的基础。今天×先生与×小姐结婚，郎才女貌，佳偶天成。我希望他俩唱随偕老，互助互谅，共同努力，创造美满幸福家庭。祝愿新郎新娘健康快乐，鸾凤和鸣，白头偕老。

◇ 主婚人致词示例

证婚人、介绍人、各位来宾：

今天是小儿（或舍弟）与××小姐举行婚礼，承蒙先生莅临福证，又承先生（女士）介绍，以及亲朋好友光临观礼，谨致以衷心谢意。如有招待不周，敬请各位原谅。敬祝各位健康！

粗肴薄酒，不成敬意，请各位开怀畅饮。

◇ 新郎致谢词示例

（自称名字）承×先生（或女士）的介绍，今天与××小姐在这里举行婚礼。并承先生证婚，劳驾各位亲友光临，感到十分荣幸。刚才证婚人与各位先生的训词，我俩一定永志不忘，以后还需要各位长辈，各位亲友，各位兄弟姐妹多多指教。

今日招待不周的地方，请各位原谅。敬祝各位身体健康。

◇ 新娘致谢辞示例

尊敬的上级领导、长辈、各位亲友：

我衷心地感谢各位尊长和亲友的祝贺，感谢给我的金石良言，使我留下不可磨灭的印象。由于我幼稚无知，今后如有不周之处、无理之事，敬望父母多加指点，言之少礼，谢谢各位。最后祝大家万事如意，心想事成。

◇ 亲友代表讲话（或自由讲话）示例

尊敬的上级领导、各位亲友：

祥光满室，喜气盈庭。今日我荣幸地参加这次婚礼，表示衷心祝贺，祝贺他们恩恩爱爱，情感就载。我深信和期望他们婚后在生活中互敬互爱，在事业中学会拼搏，在家庭中尊老爱幼，勤俭持家，建立和超越幸福美满的小康家庭。最后赠诗歌两首：一个高来一个低，两公婆子笑嘻嘻，婚礼堂前成夫妇，鸳鸯床上比高低。双辉花烛照华堂，男女老幼乐洋洋，他俩心里乱如麻，人在地下心在床。

7. 婚宴敬酒的礼仪要求

在婚宴进行一段时间之后，就会有宾客想公开对新人表达祝贺之意，敬酒活动于是展开，并且会在男傧相安排之下，陆陆续续进行。在正式的婚宴上，敬酒是极为重要且不可缺的一环。不过，就如同种种历史久远的礼仪一般，敬酒时，也有若干礼节应该加以遵循。

一是接受敬酒的人不必喝酒，只需坐在座位上，微笑着面对敬酒者。

二是要敬酒时，如果席间有10位宾客甚或更多，务必站起身来。**如果是在人数较少，彼此都熟识的场合上，则可以坐着敬酒。**

三是为了引起他人的注意，可以先说句开场白，如"各位女士，各位先生，我想向某某先生（小姐）敬个酒"；或者也可以不必说得那么正式，只要声音比正常说话时大一点，说"现在我想说一些话"。

四是婚宴上每一次敬酒时间不宜超过3分钟。因此，应该避免东拉西扯没完没了。

五是向新人致意时，话语中可以表达关怀、幽默风趣、率真感人，甚至可以戏谑，这些都无伤大雅。**态度可以严肃，也可以机敏诙谐。不过，最重要的是应该事先演练一番。**

延伸阅读：

婚宴上切莫贪杯

婚宴中有一个现象特别值得人们注意，那就是醉酒。在婚宴上因醉酒引起的民事、刑事纠纷，新闻报道如缕不绝。还有参加完婚礼，酒后驾车发生交通意外的事情也屡次三番。为什么，会在婚宴上发生酗酒现象呢？这一方面是中国人好面子，招待客人一定要"喝好"，不喝倒几个好像对不起客人；另一方面，中国人生性豪爽，关系到了一定程度，不喝则已，一喝就一醉方休。为了避免这种酗酒情况出现，婚宴的举办者，应该事前有个安排，一方面法律上提醒客人和自己，同时从情感上克制一下，在仪式上尽量表现得高雅，不要贪杯坏事，使亲情、友情受到不必要的伤害。很多事例告诉我们，婚宴只有讲究礼法，讲文明，才算是一个成功的婚礼，才能称得上圆满。也有很多婚礼尚未结束就已经演变成为悲剧，流血、伤人，兄弟反目、朋友成仇，这样的结果在现代婚礼中是大家都不想看到的，因此，酗酒是成功婚礼的大敌。如2005年3月1日，新郑市某单位王某结婚，刘某作为王的同事前往赴喜宴。在婚宴上，刘和几个不相识的人坐一桌并自愿喝起酒来，不胜酒力的他饭后醉倒在地，王某只好把他安排在自己家里过夜。次日，王某发现刘的脸色不对，连忙拨打120。120急救车赶到时，刘因醉酒已经死亡。同年5月24日，刘的家属把王某和与刘一桌喝酒的共6人告上法庭，请求法院判令被告赔偿原告丧葬费、死亡补偿金、被抚养人生活费、精神抚慰金126013.8元。

8. 结婚纪念日的贺礼礼仪

欧美人士对结婚周年纪念十分重视，每年各有其名称。如果你要祝贺客人、朋友的结婚纪念日，或为此举行庆祝活动。具体可参照以下内容撰写祝辞、赠送贺礼。

第一年，纸婚，宜送纸张、钟。

第二年，棉婚，宜送棉制品、瓷器。

第三年，皮革婚，宜送皮革制品、水晶制品或瓷器。

第四年，花果婚，宜送水果和花卉、各类日用品。

第五年，木婚，宜送木器。

第六年，铁婚，宜送糖果和铁器、银器。

第七年，羊毛婚，宜送羊毛制品或铜器、书桌用品。

第八年，铜婚，宜送青铜制品或铜器、亚麻织物或花。

第九年，陶婚，宜送陶器或柳制品、皮革制品。

第十年，锡婚，宜送锡器或铝器、钻石首饰。

第十一年，钢婚，宜送钢制器皿、时兴珠宝首饰。

第十二年，丝婚，宜送丝织品或亚麻制品、珍珠首饰。

第十三年，花边婚，宜送各式花边纺织品或毛皮制品。

第十四年，象牙婚，宜送象牙制品、黄金首饰。

第十五年，水晶婚，宜送水晶制品。

第二十年，瓷（器）婚，宜送瓷器、白金首饰。

第二十五年，银婚，宜送银器。

第三十年，珍珠婚，宜送珍珠首饰、钻石首饰。

第三十五年，珊瑚婚，宜送珊瑚、翡翠。

第四十年，红宝石婚，宜送红宝石首饰。

第四十五年，蓝宝石婚，宜送蓝宝石首饰。

第五十年，金婚，宜送金器。

第五十五年，绿宝石婚，宜送绿宝石首饰。

第六十年，钻石婚，宜送钻石首饰。

9. 喜幛、喜轴的撰写礼仪

喜幛、喜轴，通常是为庆贺新人成婚时所送的传统礼品。近年来，由于婚庆形式的与时俱进，送喜幛、喜轴的传统已不多见。如果有心想为新人送上这样的传统贺礼，有必要了解其中的礼仪要求。

◇ 喜幛

喜幛是我国传统礼仪中较常用的祝贺人婚娶的形式之一，最早为帝王所用，后来逐渐发展到民间，现已成为一种文雅的交际手段。多用整幅绸缎制成，上粘祝颂之辞。喜幛以竖写为多见，祝贺在右上，落款在左下，当中为幛语，祝贺的年月日则竖写在落款左边。

喜幛的语言非常精练，概括性极强，几个字至数十个字要表达许多祝贺的内容。喜幛是以大红、紫红、玫红或妃色等暖色丝绸被面为底，在其上粘贴或别上金纸剪成的大字，悬挂于喜轴及喜堂两侧。喜幛通常是亲友所赠，上款书以"新郎新娘（名字）燕尔新婚之喜"，下款则书赠送者的身份和姓名。且文字优美，对仗工整。由于幛语和联语多为旧时文人所拟，喜幛用词多是四个字构成的成语，因此就显得较为陈旧，自然也有一些为现代新人所作的喜幛贺联，下面举一些例子，供读者欣赏、选用。

美满婚姻　花开并蒂　　万年好合　同心同德
恩爱夫妻　幸福家庭　　百年偕老　花好月圆
喜结良缘　龙凤呈祥　　才佳配偶　鸾凤合鸣
在天愿作比翼鸟　栖地盘结连理枝
志同道合配成好伴侣　协力齐心建设新家园

◇ 喜轴

喜轴通常悬挂于喜堂正中，画面上有一左一右两名蓬头笑脸的仙童，一持荷花，一捧宝盒，谐音和合。

10. 婚联喜联的撰写礼仪

婚联，又叫"喜联"，是举行婚礼时专用的对联，其讲究更多。**一般在男女结婚的喜庆日子里，贴在大门、房门两旁，有的还贴在嫁妆箱柜上。**婚联的内容大多是祝愿新婚夫妇婚姻美满，白头偕老，或宣传婚姻自主，婚事新办，男女平等，家庭和睦，晚婚晚育，少生优生，或表达新郎新娘共展宏图，齐创大业的决心。千百年来，中华民族繁衍生息，婚礼文化不断演变，成为人生路上最隆重的礼仪之一，婚联虽小，但意义重大，现将婚联的具体用法，以实例形式列举一些，以供参考。

◇ 依据地点撰写婚联

在我国传统文化中，凡逢结婚大喜之事，一般都要在一些特殊地点，特别是新人家中张贴喜庆的婚联，而且不同的地点张贴的婚联也各有不同，万不可随意乱贴。下面具体举例介绍一些基本用法。

①大门用联。

红莲开并蒂　彩凤乐双飞
红莺鸣绿树　对燕舞繁花
万里长征欣比翼　百年好合喜同心
一世良缘同地久　百年佳偶共天长
映日红莲开并蒂　同心伴侣喜双飞
日丽风和桃李笑　珠联璧合凤凰飞

②头门用联。

扫净庭阶迎客驾　携来笙管接鸳舆
严父开怀观凤舞　慧儿合卺学梅妆
脸马不教宾客返　碰杯漫听凤凰鸣
头上青霄鸾比翼　门中珠履客谈心

③厨房门用联。

酒肴味淡惭无理　主客情浓幸有缘
厨无美酒殊惭主　席乏佳肴强宴宾
自愧厨中无盛馔　却欣堂上有嘉宾
客有隆情来庆贺　厨无美味实怀惭

④重门用联。

绿蚁浮杯邀客醉　蓝田得玉喜婚成
愧乏茅台酬上客　喜烧花烛映重门
喜溢重门迎凤侣　光增陋室迓宾车
父喜子喜重重喜　友欢戚欢个个欢

⑤侧门用联。

礼周数全迎凤侣　双亲欢笑看儿婚
宜把欢情联左右　愧将薄席款西东

⑥中堂用联。

合欢偕伴侣　新喜结亲家
连斟酬客意　渴望解吾心
欣然开笑口　相聚叙衷情

⑦宴厅用联。

三杯淡酒酬宾客　一席粗肴宴懿亲
客溢蓬门家有幸　席陈淡酒主怀惭
几杯淡酒难称宴　一意留宾莫说归
陋室摆筵酬厚意　嘉宾上座叙欢情

节值仲冬迎淑女　时逢吉日款良朋
青梅酒熟凭君醉　红烛春浓任客谈

⑧后门用联。

后话慢谈留客住　复邀相聚叙亲情
后槽关马留佳客　门第惭蜗宴上宾

⑨祖台用联。

光前振起家声远　裕后遗留世泽长
乔木千枝思已本　长江成派溯清源
祖功宗德流芳远　子孝孙贤世泽长
燕翼贻谋承后裔　凤毛齐美耀前人

◇ 根据季节撰写婚联

古语到："天时、地利、人和"。可见"天时"在我国传统中之地位。婚嫁作为我国民间极为重要的一个事件，对"天时"的注意，更毋需多言。**我国传统中不同的时节对婚联的使用都有十分的讲究，以求借"天时"之便，得"人和"之好。**下面举例以说明不同时节婚联的用法。

①正月新婚联。

巧借新春迎淑女　好将人日作婚期
人对艳妆饶艳福　樽倾春酒醉春光
春雨润春花春色处处艳　新人办新事新风人人夸

②二月新婚联。

春风绿柳飞鹦鹉　夜雨华灯引凤凰
提壶鸟唤春当仲　出目鱼游水已温
日暖风和大好良辰迎上客　桃红柳绿方浓春色逛佳人
大地香飘蜂忙蝶戏相为伴　人间春满燕舞莺歌总是双
夫妇缔姻缘二月结婚花竞放　宾朋同祝贺百年偕老月长圆
年逢五旬喜儿郎恋爱成婚　时唯二月冀亲友欢情递盏
乐意如桃开色笑　春心似柳把举猜

③三月新婚联。

燕舞莺歌春已丽　鸾鸣凤唳日初长

莺簧蝶板娱嘉客　柳眼花须影玉人

天朗气清三星在户　筵开酒熟百辆迎门

红雨花村交颈鸳鸯成匹配　翠烟柳驿和鸣鸾凤共于飞

嘉客欢多杯莫负他红杏撩

人绿杨击马　对粉蝶成双

④四月新婚联。

绕屋扶疏杯映绿　照人欢爱烛摇红

节近麦秋行奠雁　时当孟夏咏关睢

麦浪芳菲莺花共艳　桃潭浓郁鱼水同欢

儿媳好姻缘四月结婚荷衬景　宾朋同祝贺百年佳偶柳关情（用于再婚）

⑤五月新婚联。

才子凌云闺咏月　榴花映日剑摇风

喜酒香浮铺酒绿　榴花艳映佩花红

佳期恰近端阳节　乐国长开吉利花

喜酒醉榴花面容未似花红　爱情舒柳眼修眉欲如柳细

请君杯莫放　任尔笔轻描

⑥六月新婚联。

炎暑销金金屋见　荷花吐玉玉人来

新花瑞色浮妆阁　早稻薰风入酒卮

翠竹碧梧丽色映屏间孔雀　绿槐新柳欢声谐叶底新蝉

⑦七月新婚联。

含笑花摇帘帐里　嫩凉秋到酒杯边

银汉新秋金闺嘉偶　人间巧节天上佳期

试问夜如何牛女双星缠碧汉　欲知秋几许凤凰比翼下秦台

⑧八月新婚联。

皓月清光增客兴　中秋佳节乐宾筵
饮对桂花情更雅　婚当八月意尤浓
瑶树清云何灿烂　瑞符天上告奎星

⑨九月新婚联。

已缘鸿雁传尺素　且喜秋声入洞房
扫净苔阶迎淑女　酿成菊酒宴佳宾
菊花艳放迎新妇　竹叶香浮宴贵宾
酿黄花情联鸾凤　诗题红叶梦协熊罴

⑩十一月新婚联。

霜蒙竹叶藏青缕　露滴梅花点黛眉
冬至阳春冰欲泮　天寒炉暖酒尤香
小庭院难盛弥天喜气　好夫妻尽享盖世福缘
待客我怀惭几盏清汤浮素菜　结婚儿有幸一生香梦伴梅花

⑪十二月新婚联。

载雪梅花飘绣阁　临风兰韵入香帏
拥彗扫门迎淑女　敲冰煮茗待嘉宾
香茗味传佳客饮　腊梅花放玉人来
梅蕊初放花开并蒂　凤凰于飞喜满华堂

⑫春季新婚联。

佳偶同塑百年美　伉俪共育一枝春
春光绣出鸳鸯谱　夜月香斟琥珀杯
雨露滋培莲瑶树　春风吹放合欢花
柳嫩花明春已半　珠联璧合影成双
名花艳影同心侣　美酒春风并蒂莲

⑬夏季新婚联。

枝头榴花红艳艳　绣帏凤侣情殷殷

美好姻缘天作合　清平时节日初长

⑭秋季新婚联。

丹桂香飘云路近　玉箫声绕镜台高

借得花容添月色　权将秋夜代春宵

⑮冬季新婚联。

彩照高悬鸳鸯舞　红梅怒放凤鸾鸣

雪案伴吟诗好咏　冬窗共读笔生花

同心盟订三生石　连理枝开十月花

节近新年丝牵岁暮　缔成佳偶玉种蓝田

◇ 婚联横批的撰写

一副完整的婚联，除上、下联外，横批亦为必须。下面列举一些常用、吉庆的横批。

燕尔新婚	百年佳偶	珠联璧合	相敬如宾	鸾凤和鸣
举案齐眉	笙磬同谐	天合之作	有情眷属	龙凤呈祥
龙腾凤翔	鱼水合欢	互助互爱	永结同心	志同道合
白头偕老	辅车相依	忠诚相爱	玉树琼枝	伉俪情深
双凤朝阳	并肩前进	洞房花烛	凤麟呈祥	喜成连理
情真意切	喜气生辉	福缘鸳鸯		

11. 婚礼赞词的礼仪要求

◇ 男婚燃烛赞词

喜烛辉煌照华堂，荣光结彩喜洋洋，芙蓉牡丹结成对，夫妻偕老百年长。

双辉喜烛照华堂，幸福家庭美名扬，夫妻深情誓同德，前光后裕百代强。

今朝喜我来赞叹，花烛双辉照华堂，从此缔盟山海固，情深夫妻百年长。

喜烛辉煌照四方，四方财宝滚进仓，勘劳俭朴持家计，富贵荣华百世昌。

今朝喜我登华堂，喜烛点燃乐洋洋，喜福姻缘歌好合，荣华富贵万年长。

喜烛辉煌照喜堂，新婚燕尔结呈祥，百年偕老正祝福，瓜瓞连绵代代强。

喜烛双辉放毫光，兰馨桂馥满庭芳，螽斯衍庆全家福，合力同心奔小康。
良辰吉日把烛燃，事业辉煌胜从前，夫妇情深誓同德，前途美满福连绵。
（注：适应于农村摆喜堂之用）

◇ 男婚捧花烛进洞房赞词

手捧花烛进洞房，双双结对引凤凰。堂前婚礼成夫妇，日后知恩孝爹娘。
诗赋玉台传佳语，烛光金意兆吉祥。荣华富贵全家福，瓜瓞连绵百代强。
手捧花瓶进洞房，新婚燕尔喜洋洋。麒麟送子华堂到，鹦鹉传音满屋扬。
金意花枝正祝福，前光后裕结呈祥。今朝且把宏图订，来日优生状元郎。
（由金童玉女手捧，陪伴大人高声朗诵）

◇ 婚礼道喜赞词

主人迎接贵宾，应站在厅堂进门的左边即小边，客人来到厅堂，口称"恭喜恭喜"，主人称"有心有心"，握手言好。有很多地方讲究礼节的，往往要在厅堂打躬作揖，说两句好话，其词如下。

满堂瑞气	恭喜贺喜	喜结连理	吉星高照	五世其昌	后裕前光
万事如意	鹏程万里	秦晋之喜	福禄财到	幸福无疆	发达无疆
一见大发	财进四方	万事如意	百年之祝	一帆风顺	恭喜贺喜
子孙发达	百世其昌	大吉大利	咸谊永笃	心想事成	幸福无比
鹊桥星会	事业辉煌	继往开来	合家欢乐	良辰喜临	
大富大贵	龙凤呈祥	发福发财	万事如意	佳偶天成	

（注：本好话可在致词中作为参考）

◇ 嫁女告祖燃烛赞词

花烛照祖堂，满庭喜洋洋。嫦娥初出殿，织女配牛郎。
今朝喜我登祖堂，喜烛点燃好吉祥。幸福姻缘歌好合，荣华富贵万年长。
喜烛辉煌照祖堂，四方财宝滚进房。男勤女俭持家计，举案齐眉百年长。

◇ 嫁女告祖礼仪

行告祖礼，燃烛，赞词，鸣炮，奏乐，新阁就位，浣手，浣手毕，诣食案前跪，初献爵，亚献爵，终献爵，献箸，献馔三，反箸，献禄，献茗，俯伏，朗诵告祖文，起，拜四。一拜天地，祥光普照，国富民强；二拜宗祖，子孙繁衍，长发其祥；三拜父母，教养之恩，永世难忘；四拜夫妻，恩恩爱爱，地久天长。于归女退位，化文，鸣炮，奏乐，礼成。

礼仪提醒 行告祖礼需注意三点：告祖又称"拜祖"，也有不行告祖仪式的，可省略；喊礼时可用当地言语，不必打腔；祖牌位写法：××堂 ×氏宗祖历代神位。

下面举一篇嫁女告祖文为例。

时维公元××××年××岁××月×浣之×日

承命嗣孙于归女××谨以香楮束帛牲醴不腆之仪，敬告于××堂×氏宗族历代祖号祖妣之神位前曰：

天地交泰，保合大元，鹊桥星会，天配良缘。情谊永笃，好合百年。树之有根，水之有源，今备粗肴，礼简欠全，伏希吾祖，佑启后贤，百世其昌，瓜瓞连绵。聊备牲醴，式尝菲筵。

谨告

◇ 教堂婚礼祝词

千载一时不再来，良辰吉日殿堂开。
志同道合堪为友，花好月圆结有才。
两颗丹心同患难，千秋事业共谋埃。
良缘凤缔昌百世，枝头春满主恩裁。
殿堂婚礼两情圆，佳偶感恩宝架前。
鸾凤和鸣临字画，鸳鸯戏水咏诗联。
宏邀观周求诚意，且有真神与爱筵。
祝福新人多友善，长流基督满成全。

12. 洞房花语的文明礼俗

"花语"也叫花烛词，是闹洞房的祝词。俗话说，结婚三天，不分大小。特别是洞房花烛之夜，人们总是很风趣很愉快地闹洞房。新郎新娘打着香茶和香糖，轮到你面前，如果你没有好话。你就无法喝到茶吃到糖。**于是，人们互不示弱，争先恐后，苦思冥想，搜肠刮肚说出带有韵脚的好话，嘻嘻笑笑，无不快乐。**

可是，当今却把这个传统风俗丢了，有的地方不够文明。在洞房花烛之夜强迫新郎新娘画上花脸，奇装异服，手敲打着面盆和铝锅盖，一前一后，招摇过市，唯恐刺激不够，还搞些下流小动作，对此，人们议论纷纷，嗤之以鼻，不受欢迎。这种不文明不道德行为应该制止。应按照中华几千年的文明史和传统习惯，闹闹洞房，说说好话，几多痛快。

下面的洞房花语，是搜集民间资料加以整理选编而来，有些不见得正确，仅供参考。

天上无云不下雨，地下无藤不结瓜，美满婚姻哪里来，感激政府婚姻法。

郎君淑女两边站，好比芙蓉配牡丹，芙蓉牡丹结成对，今晚洞房乐无限。

新娘喜来新郎笑，欢乐男女和老少，甜言蜜语永相恋，拼搏事业两依靠。

天成佳偶是知音，同甘共苦不变心，花烛洞房亲接吻，此宵一刻胜千金。

深山松柏四季青，碧绿清泉润我心，琴瑟调起鸾凤侣，洞房雅奏幸福音。

电灯辉煌结金花，鸳鸯床上把话拉，勤俭处世第一桩，新郎新妇会当家。

喜茶一喝心头凉，举目一望眼前光，婷婷玉立美容貌，如花吐艳满房香。

兴家立业福连绵，郎才女貌结良缘，财宝归家纳百福。天长地久两心连。

喜盈盈来笑盈盈，喜在眉头笑在心，婚礼堂前结成对，鸳鸯床上心连心。

新人新事新夫妇，好男好女好婚姻，常将有日思无日，勤俭持家乐长春。

桌子方方四只角，盘中糖子好又多，平等相待恩爱重，和睦相处幸福多。

俏丽柔情美如春，端庄潇洒令人尊，拼搏征途手拉手，鸳鸯床上心连心。

把糖尝、贺新娘，男女老少闹洞房，淑女郎君成夫妇，同偕到老与天长。

花正芳芬柳正青，静中好听凤凰声，牛朗织女佳期会，美满婚姻世人称。

洞房喝茶口口香，风姿如玉美容妆，人家倒茶我不喝，新娘倒茶杯杯光。

南瓜秧、青又青，两片叶子共一心，有商有量有共识，依依相处好婚姻。

盘中香茶明显显，哥哥嫂嫂勤又俭，小河涨水有日退，细水长流眼光远。

话到事业长又长，干劲十足信心强，今晚且把计划作，春暖花开生产忙。

松柏树、四季青，新郎新妇一条心，里里外外般般会，依依相处好婚姻。

新郎新娘紧相连，举案齐眉结良缘，洞房花烛今宵始，永定乾坤福禄绵。
同志们来且看真，新娘眼睛打流星，金银财宝她不爱，只爱今晚新郎公。
夫在一边妻一旁，喜喜笑笑乐洋洋，他俩心里在想那，只想快快上战场。
今晚喜气盈洞房，花烛灼灼亮堂堂，他俩心里乱如麻，人在地下心在床。
天兰山绿水又清，月丽风和亮晶晶，洞内桃花开半夜，房中贵子结五更。
喜燃花烛亮堂堂，齐眉夫妻谱新章，惟冀哥嫂长流水，莫学花儿一时香。
面对面来身对身，有话难言瘾在心，要等何时把话拉，鸳鸯床上讲得清。
欢天喜地闹洞房，男女老少乐洋洋，今晚洞房花烛夜，早生贵子模范郎。
洞房今夜碧纱开，巧遇东风送暖来，花烛交欢齐跃进，鸳鸯合欢百年偕。
一个高来一个低，两公婆子笑嘻嘻，婚礼堂前成夫妇，鸳鸯床上比高低。
夫妻似船两头高，夫坐船头妻坐腰，只要两人靠得稳，不怕风浪万丈高。
一个高来一个低，高高低低是夫妻，今晚洞房鸳鸯床，甜言蜜语笑嘻嘻。
相亲相爱好夫妻，鸳鸯床上比高低，来年春暖花开日，贤嫂郎君笑嘻嘻。
良辰吉日百年偕，洞房帐内摆武台，英雄比武有限界，真枪射箭且慢来。
摘菜要摘白菜心，选人要选好心人，新郎人好心也好，正是新娘意中人。
不要推来不要拖，各位同志真罗嗦，他们有话床上说，要求唱个米发梭。
枫树叶子三只角，双双阳雀来砌窝，阳雀砌窝为生蛋，今晚洞房为哪个。
嘻嘻笑笑笑痛人，洞房谈话欠斯文，奉禄高官他不想，只想今晚人上人。
松挺柏茂长年青，我有一语在怀中，今晚美满成婚配，海枯石烂不变心。
美满婚姻喜事多，真诚金鸡配嫦娥，嫦娥本是天星女，早生贵子大登科。
嫂贤哥俏读书郎，中间陈设席梦床，席梦床上铺棉被，来年育个状元郎。
枕头绣对鸳鸯情，被子绣朵水芙蓉，鸳鸯戏水恩情重，芙蓉出水情意浓。
家爷家娘才德称，婆媳和睦亲又亲，选个丈夫人品好，相亲相爱百年春。
天上月亮亮晶晶，照进洞房听歌声，皇帝有女招驸马，百姓有女选高门。
新娘柳树腰，新郎值得骄，今年吃喜酒，明年吃三朝。
两姓成佳偶，欢欣闹洞房，一对鸾凤侣，地久与天长。

（统作打油诗，未合中华诗词平仄）

13. 庆祝婚礼佳句欣赏

以下是一些婚礼上亲友祝贺新人的佳句，现辑录如下，以供读者参考。

● 兰舟昨日系，今朝结丝萝，一对神仙眷侣，两颗自首同心，今宵同温鸳鸯梦，来年双飞乐重重，新婚同祝愿，百年好合天与共。

永不褪色的是互相的关心，是无穷无尽深深的爱！爱情也因这一刻的融合而更温馨更美好！祝你们白头偕老！

● 千年等待，缘定三生，今生今世，茫茫人海，你们相遇了，那是一种怎样的幸运啊！今天是你们牵手一生的日子，祝愿你们幸福美满。

● 从相识到相知，从相知到相爱，从相爱到携手一生，你们一路走来，走得甜甜蜜蜜，愿你们在今后的日子里，永远幸福相依。

● 相爱的手，紧紧相扣，得苍天保佑，把爱进行到底；两颗相惜的心，真情如金，有大地护佑，将心用力贴紧，祝新婚快乐！

● 为你祝福，为你欢笑，因为在今天，我的内心也跟你一样欢腾、快乐。祝你们，百年好合，白头到老！

● 祝你们共享爱情，共沐风雨，白头偕老，祝你们青春美丽，人生美丽，生命无憾。

● 两情相悦的最高境界是相对两无厌，祝福一对新人真心相爱，相约永远！

● 你们本就是天生一对，地造一双，而今共结连理，今后更需彼此宽容，互相照顾，祝福你们！

● 愿你俩用爱去缠着对方，彼此互相体谅和关怀，共同分享今后的苦与乐。祝你们百年好合，永结同心。

● 婚姻是人生大事，你们的选择是那样明智，在这个大喜的日子。我衷心祝愿两位新人同心同德，携手写一首人生的诗！

● 今天的风洋溢着喜悦与欢乐，今天的天弥漫着幸福与甜蜜，伸出你们的双手，接住大家的祝福，愿你们白头偕老，新婚大喜！

● 伸出爱的手，接住盈盈的祝福，让幸福绽放灿烂的花朵，迎向你们未来的日子。

● 祝贺你们！一生中只有一次美梦实现的奇迹，你俩的整个世界顿时变得绚丽新奇。

● 但愿天遂人愿，幸福与爱情无边！

● 让这缠绵的诗句，敲响幸福的钟声。愿你俩永浴爱河，白头偕老！

● 十年修得同船渡，百年修得共枕眠。于茫茫人海中找到她，分明是千年前的一段缘，祝你俩喜结连理，幸福美满。

● 用彼此的深情画出一道美丽的彩虹，架起爱情的桥梁。不分你我，共尝甘苦，融入彼此的生命，敬祝你们百年好合，永结同心。洞房花烛，交颈鸳鸯双得意，夫妻恩爱，和鸣鸾凤两多情！

● 百合送新人，祝百年好合；玫瑰送爱侣，祝爱情甜蜜；桂圆送夫妻，祝早生贵子；红包送月老，祝你们白头到老！

● 愿快乐的歌声，永远伴着你们同行，愿你们婚后的生活，洋溢着喜悦与欢快，让以后的每个日子都像今日这般喜悦！

● 在这"最特别"的日子，送上"最特别"的祝福，给"最特别"的你，希望你过得"特别特别"的幸福！祝"特别"的你，新婚愉快！

● 各交出一只翅膀，天使新燕，以后共同飞翔在蓝天；各交出一份真情，神仙伴侣，以后共同恩爱在人间。

● 美丽的新娘好比玫瑰红酒，新郎就是那酒杯。恭喜你，酒与杯从此形影不离！祝福你，酒与杯从此恩恩爱爱！

● 他是词，你是谱，你俩就是一首和谐的歌。

14. 婚庆游戏要讲文明讲礼仪

◇ 卡片祝福

游戏方法：在每一张桌上放一个卡片，用来给来宾写祝福语。等大家都写完后，由新郎新娘到每一桌去取。这时，拿着卡片的人可以要求新郎或新娘表演一个节目才给出卡片。比如，要新郎抱新娘、唱歌等。等新人被每一桌的朋友"折磨"完之后，新人还要把所有卡片收集到一起交给主持人，由主持人从中挑选出有意思的话来，让新人再表演。

胜负判定：在新人到每桌取卡片时，客人对新人的表演满意，才交给新人卡片。

◇ 传东西

游戏方法：由司仪把房间里普通的 10 件东西（比如牙刷、唇膏、遥控器）放入一个袋中，将这个袋传给客人们，给他们每人 30 秒钟时间去摸这些物品，并让他们尽可能多地记下摸到的东西。为了加快游戏速度，可以准备两个袋，各放 10 件相同的东西，然后分两组传给客人。

胜负判定：写对最多的客人获胜。

◇ 爱的苹果

游戏方法：从来宾中找几对情侣，和新郎新娘一起进行削苹果比赛。为了表示绵绵情爱，要女方削苹果喂男方吃，男方不能用嘴去咬女方手里的苹果，必须由女方喂到嘴里。苹果皮不准削断，削断了就重新拿一个削。

胜负判定：哪一对最后削完吃完，就是输了。罚输的那一对，女方长吻男方 10 分钟。

◇ 情歌接唱

游戏方法：由司仪事先准备好几首透着喜气的情歌，不能让新郎新娘知道。游戏时宾客带头唱，再由新郎或新娘接力。如果新郎新娘接不上，伴郎和伴娘可以帮着接唱。

胜负判定：唱错或不会唱，就是输了。

◇ 了解新娘有多少

游戏方法：这个游戏是考验新郎对新娘的了解程度，由来宾向新郎提问有关新娘的问题。为了使游戏顺利进行，可以准备几支笔、几张纸，由来宾将问题写好交给司仪，由司仪当众念出，要求新郎当众解答。问题可以千奇百怪，这里推荐 10 个。

①新娘最喜欢的颜色是什么？

②新娘与新郎如何相遇？

③新娘的第一位男友是谁？

④新娘最喜欢的音乐组合是哪支？

⑤新娘最喜欢的电影是什么？

⑥新娘最尴尬的时候是哪次？

⑦新娘少年时第一位偶像是谁？

⑧新娘度假最有可能去哪里？

⑨新娘的昵称是什么？

⑩新娘的生日在何时？

胜负判定：新郎答对了，新娘亲新郎一下以示鼓励；答错了，罚新郎喝酒一杯或背新娘绕场三圈。

◇ 谁是真新郎

游戏方法：这个游戏是考验新娘对新郎了解多少。找数位男士，让他们和新郎站成一排，然后蒙上新娘的眼睛。她只能通过触摸这些男士的手来认出哪个是新郎。新娘有两次机会，摸了一次后，无论她确定与否，让她原地转几圈后，再次触摸。然后，让她站在新郎前，揭开眼睛上的布，看看摸对了没有。为了增加刺激性。可以摸耳朵或大腿。这关看似简单但若猜错就要让人笑话了，所以新郎可以用咳嗽声暗示。

胜负判定：如果新娘找对了新郎，便可过关，如果没有找对，罚新娘亲一下被她误认为是新郎的男宾客。

◇ 同甘共苦

游戏方法：先准备信封 5 个，分别编上 1 至 5 号，白纸数张，极酸柠檬 15 片。准备一些有关新郎与新娘的问题。由一位男宾客拿一碟柠檬，一位女宾客负责拿 5 个写有 1 至 5 号的信封，再由伴郎问问题，例如问新郎，新娘喜欢吃什么水果，新郎及新娘分别把自己的答案写在白纸上，之后新郎要讲出新娘的答案，而新娘亦要讲出新郎的答案。

胜负判定：如果一方回答与另一方所写的答案不符，便是答错了。答错者需在女宾客手上取一信封，信封上的编号就是要吃柠檬的片数，游戏直至把柠檬吃完为止。

◇ 夹弹子

游戏方法：新郎新娘一组、伴郎伴娘一组，或是现场来宾自由组队。准备一盘玻璃弹子，让每组的两个人各执一支筷子，两人一齐将弹子夹出。

胜负判定：在规定的时间内。夹出弹子最少的一组表演节目。

◇ 南瓜赛跑

游戏方法：在场地上划两条相距 5 米的直线。给每人发一个南瓜、一把小勺，排在起点线。主持人发令后，比赛者用一把小勺推着南瓜跑，绝对不能用手碰南瓜。比赛用的勺子越小。游戏就越有意思。

胜负判定：谁先把南瓜推到终点谁就是赢家，最后到达的要被罚表演节目。

◇ 吹气球

游戏方法：准备好足够的中号气球，在气球里面灌进一些彩色的碎纸末。限时 2 分钟，由参赛者把一个个气球吹爆。提醒参赛者吸气时注意不要把纸末吸进嘴里。当气球爆炸的每一刻，碎纸末飞出，犹如漫天烟花，很壮观。

胜负判定：在规定时间内，吹爆气球最多者为胜。

◇ 扮时钟

游戏方法：在白纸板上画一个大的时钟模型，将时钟的刻度标志出来。3 位来宾分别扮演时钟的秒针、分针和时针，手上拿着三种长度不一的棍子或其他道具（代表时钟的指针），在时钟前面站成一列（注意是背向白板或墙壁，扮演者看不到时钟模型）。主持人任意说出一个时刻，比如，现在是 3 小时 45 分 15 秒，要 3 个人迅速地将代表指针的道具指向正确的位置。

胜负判定：指示错误或指示慢的人受罚。

◇ 憋气大赛

游戏方法：准备透明的塑料脸盆 6 个，秒表 6 个。6 位来宾进行比赛，将脸放进装满水的塑料透明脸盆里，另选 6 位宾客用秒表为他们计时间。

这个游戏简单、易操作，而且往往能够造成紧张热烈的局面。

胜负判定：谁憋气的时间最长，谁就赢了，由新娘发给小礼物，输的人表演节目。

◇ 幸运大白鲨

游戏方法：玩具"幸运大白鲨"的构造非常简单，但玩起来却趣味无穷。将大白鲨的嘴掰开，然后按下它的下排牙齿，这些牙齿中只有一颗会牵动鲨鱼嘴，使其合上。如果你按到这一颗。鲨鱼嘴会突然合上，咬住你的手指。

胜负判定：可以在酒桌上把它作为赌运气的酒具，几个人轮流按动，如果被鲨鱼咬到则罚酒。

◇ 官兵捉贼

游戏方法：准备4张小纸片，纸上分别写着"官、兵、捉、贼"字样。将4张纸折叠起来，参加游戏的4个人分别抽出一张，抽到"捉"字的人要根据其他三个人的面部表情或其他细节来猜出谁拿的是"贼"字。

胜负判定：猜错了要被罚，由抽到"官"字的人决定如何惩罚，由抽到"兵"字的人执行。

◇ 拍七令

游戏方法：这个游戏适合在吃喜宴中进行。同一桌的来宾从1~99轮流报数，一旦有人数到含有"7"的数字或"7"的倍数时，不许报数，要说一声"过"，下一个人继续报数。

胜负判定：如果有人报错数或没说"过"则罚酒。

◇ 捞元宵

游戏方法：在脸盆里放半盆清水和20个乒乓球。游戏者3人，手持汤匙。比赛开始，各自从盆里捞元宵（乒乓球）。每次只能捞一个，捞完为止。为了渲染气氛，可以放音乐助威。

胜负判定：捞得最多者获胜，最少者为输，可由获胜者点节目让输者表演。

◇ 拼搏

游戏方法：在场地上画一直径约2米的圆圈。选出一位来宾。让新郎和来宾站在圈内，两人手臂互相交叉搂抱住一个球（篮、排、足球均可）。主持人发令后，双方开始用力争夺球，但不能踩圈、出圈。不得用脚绊对方或用身子挤对方出界。

胜负判定：夺过球者为胜，争夺中一方抬手、摔倒或出圈，均为失败，失败者要表演节目或罚酒。

◇ 斗鸡

游戏方法：在地上划一圆圈，让新郎和选出的一位来宾在圈内站立，并抬起一条腿。两个人用单脚边跳边互相用双手推对方手掌。游戏中不得推对方手掌以外的部位或拉拽对方，可以躲闪。其他来宾可为两人加油助威。

胜负判定：把对方推出圈者为胜，被推出圈者可被罚表演节目或罚酒。

◇ 击鼓传花

游戏方法：参加游戏者围坐成一个大圆圈。先将花放在一名来宾手中，鼓声响起。开始迅速传递手中的花（一个接一个传下去）。然后鼓声停止，看花在谁的手中。接着再开始击鼓。此游戏的优点是参与人多，气氛热烈。

胜负判定：每次鼓声停止时，花在谁的手中，就请谁给大家表演一个节目。

15. 婚礼现场应注意的礼仪禁忌

前去参加亲朋好友的婚礼有一些基本的禁忌须予以了解，并在婚礼现场避免发生，以免造成不好约后果。

◇ 话题要紧紧围绕婚礼

千万不要谈你自己，不要谈你的感受怎样、昨天你干了些什么等。

◇ 不要占用新人过多的时间

不应计较新人与你相处、交谈时间的长短，因为在这兴奋的喜庆日子里，新人需要接待的人很多，老熟人就不必占新人过多的时间了，而且还有很多事情等着新郎新娘呢。**若你想在婚礼上告退，除非新人刚好在旁边而且空着无事，一般不必向新人面辞。**

◇ 注意你的吃相

由于婚宴上通常宾客众多，你的吃相也就要格外注意了，否则别人对你的负面印象会广泛传播。如果是西式婚宴，你可能还要提前做些"功课"，以免席间露怯。

◇ 注意与其他宾客的交往

婚宴上众多的宾客中，也许有很多是你所不熟悉或是根本不认识的，在这样隆重的场合就要更加注意礼节，一个彬彬有礼的人在任何场合都是会受到尊重的。

◇ 注意不要乱开玩笑

无论是婚礼还是婚宴，都是喜庆、隆重，需要郑重严肃的场合。因此，平时和朋友们之间开的一些过于随便的玩笑或是某些"黑色"幽默，包括一些有碍喜庆气氛的话语就要克制些，以免让你的一句笑谈使喜气有所损减。

延伸阅读：

在婚礼上与新人开玩笑要有度

在婚礼上戏耍新人的确能给宾客们带来快乐，活跃现场气氛，但稍有不当就容易变成恶作剧，令人讨厌。拿颜料涂沫新人的脸和四肢，容易弄脏新人的衣服。如果他们的服装价值不菲且是租来的，你说让谁来赔付呢？想出各种刁钻主意让新人表演节目，容易让新人陷入尴尬。如果你的提议格调不高，这样做简直是对新人的侮辱。

参加婚礼时应始终表现得礼貌、大方。遇到与新人开玩笑的环节，应掌握分寸。不要在极为隆重的场合和环节戏耍新人。如果有人与新人开玩笑过头了，可出面婉言相劝。

三、祝贺婴幼儿新生礼仪

1. 植树庆生：祝贺新生礼仪

现在，大多数父母，婴儿刚刚落地，就请摄影师给婴儿摄影，之后，孩子过"满月"、"周岁"，父母多是到照相馆或自己亲手给孩子拍张纪念照，并在照片上题上纪念的字句。也有的父母将婴儿的出生庆贺仪式录成音像、制成光碟。还有的用婴儿的胎发制成毛笔。也有亲人送定制的纪念金币。铜币经熏香后，制成有婴儿的出生日期和生肖图案。这些都是作为婴儿的出生纪念礼品送给孩子，给孩子留下一个终身难忘的纪念。

我国有些地方还在传承传统的以种树作为出生纪念志庆的礼俗。如湘西南不论是生男生女，其父在婴儿下地时，要在屋前后栽树十棵。湘西土家族的婴儿假若出生在春季，其父要去后山栽十来棵椿树苗，期望儿子同椿树一样，迎着风雨，茁壮成长。婴儿出生期若在夏秋季，主人就得在当年冬季或次年春季补栽椿树。浙江余杭一带每当生下一个孩子，其父就要在院头地角种植一棵枇杷树，称为"同龄树"。**这树因是给儿子的出生纪念礼物，故种植后要加以精心培育管理，力求苗壮成长，使得这类同龄树都种一棵活一棵，棵棵枝繁叶茂，果实累累。**

种树的出生纪念礼俗是值得当代提倡和推广的，因为这有利于植树造林和育人。人们在培养孩子的同时，也培育与孩子一同落地的这些纪念树，让小树伴随孩子一起成长，从小培养孩子爱护树木的感情。若干年后，树成材了，人也成才了，或者树已成材，人并未成才，去看看这棵树，将成材与成才联系起来思想，也许会对人起到某种潜移默化的教育、启示作用。

2. 三朝礼俗：传统贺生仪典

"三朝礼"，是婴儿出生后的第三天所举行的仪礼。古时三朝被视为尊贵、吉祥、神圣的象征。所以"三朝礼"安排在出生后的第三天举行。因为这个原因，旧时的三朝礼，是必行之大礼，流行很广。**它既是家庭庆贺添丁进口的仪礼，也是标志新生儿脱离母体降生人世的象征性仪礼。**

当代城市，因为大多数孕妇在医院分娩，并要在医院住几天，婴儿不可能回家行三朝礼。但受传统的影响，在三朝这天前后，婴儿父母的至亲好友会去探望婴儿，一方面带一些滋补品给产妇补养身体，另一方面还要带一些礼物送给孩子，也有的送一些鲜花，也有人行基本的"洗三"仪式，即为婴儿沐浴，边用水洗，边口念祝福词，使得这个传统的贺生日子也显得喜庆大方。

今日农村尤其是偏远农村，在"三朝"这天也有人按传统行贺生仪典，其内容主要是张贴大红对联，接受亲朋礼物、宴请宾客，为婴儿举行一些传统的仪式。

送礼者主要是婴儿的外婆家、叔伯姑姑、舅舅姨娘等。礼物一般是婴儿周岁内所穿的衣、裤、帽、抱裙、兜篷、尿布以及坐车、立车、小床、小帐等。**食品一般送的是红糖、鸡蛋、酒酿、小米粥、姜茶、鲫鱼汤、白煮蹄膀等，这既可补养产妇身体，又有利于产妇生乳汁。**

在三朝礼这天，个别地方还行旧时流行的"洗三"仪式。"洗三"在我国流行很早，目前所知的最早一个洗三的名人，是唐代的杨贵妃。苏东坡的诗中有关于"况闻万里孙，已报三日浴"的诗句。一般的做法是用具有某种保健性质或祈吉性质的药草煮水浴儿，如有的是用桃树根、李树根、梅树根各二两，用水煎煮，去渣浴儿的，谓这样能去不祥，终生无疮疥。有的用姜葱等煎汤浴儿，葱取"聪明"之意；姜，或许因为与"强"音近，取孩子强壮之意。洗三不仅在汉族地区流行，也在一些少数民族地区流行。如满族地区是由婴儿的姥姥给"洗三"，在"洗三"时唱的一首民谣典型地表明了"洗三"仪礼对婴儿祝福的目的："先洗头，做王侯；后洗腰，一辈要比一辈高。洗脸蛋，做知县；洗腚沟，做知州。"

有的地方还流行"开奶"仪式，此仪式是要让婴儿开始吃母亲的奶时。**先从吃苦开始，谓如此婴儿以后才能顺利地吃其他好吃的东西，也才不会没有东西吃。**开奶仪式蕴含朴素的思想认识，认为人生的幸福生活，要靠艰苦劳动和奋斗才能获得，从这个意义上说，这一具有警策性的哲理仪式在今天可以提醒父母加强对孩子先苦后甜的思想教育，有益于抑制今日孩子的高消费之风，因此，开奶仪式是可以传承的。

这些传统良俗，是传统纯朴民风在"三朝"礼俗中的反映，今日传承它仍有纯正民风道德的作用。

3. 给婴做九：亲朋庆贺礼仪

做九，这是婴儿来到世间的第一个盛大节日。母婴平安到了第九天，等于是顺利闯过第一关，实在可喜可贺，于是摆宴做九，亲朋庆贺。郑州城乡一直盛行此俗。做九不一定非要放在第九天，也可以是 10 天或 12 天，以便选择一吉利日子。

定了日子，亲戚朋友都要备礼前往祝贺，礼品有给产妇的米、面、蛋、糖之类，有给婴儿的衣、帽、被、毯之类。婴儿姥姥家是主客，人多礼也多，除以上各种礼品外，必有两只大活鸡，男孩儿是两只公鸡，女孩儿为一公一母，"鸡子"即"吉子"，取吉祥之意，谓之"长命鸡"。所有礼品皆用红纸、红绳包扎束裹，用笆斗或木质三层（或四层）礼盒盛放分装，忌用篮子，以免"竹篮打水一场空"。到后女客到产妇房内看望母婴，并给婴儿封若干钱的见面礼。

主人待客亦分外恭敬，接于村外，迎至堂屋，送上鸡蛋茶或红糖茶。宴席丰盛，必有面条，取其"长"生之意，称之"喜面条"。客走时主人回赠红鸡蛋、喜糖、挂面等。

4. 祝贺满月的弥月祝贺礼仪

婴儿出生满一个月时，许多地方都要为婴儿举行满月礼，又叫弥月礼。主要的内容是由外婆或舅舅抱着孩子到大街上或邻居家里去走一走，亲友也要来祝贺送礼。

满月礼对于婴儿和产妇来说都有意义。孩子满月，值得庆贺；产妇出月，也该纪念。这样一来，满月礼也就颇为郑重、热闹。

孩子满月，全家高兴，于是预备酒席遍请亲友，以示庆贺。亲友接到请帖后，一般备些婴儿衣物、玩具等前往祝贺。城镇家庭多在饭店酒楼包桌设宴，既省事又体面。有的人家还要放电影或唱戏大事庆祝。

旧时有这样的习俗，婴儿到满月的时候，亲宾盛集，在盆中烧了香汤，撒钱于汤中，称"添盆"，是一种独具特色的馈赠礼仪。这种习俗在清代的宫廷和民间都曾存在过。此外，民间在满月礼时多有馈赠。**一般是婴儿的女性长辈送礼，礼品多是小儿衣物，如山西俗谣所云："姑姑家的帽子，姨姨家的鞋，老娘家的铺盖拿将来。"**旧时北京则讲究"姨家的布，姑家的活儿"，即衣物等由小孩姨家出布料，姑家缝制。

在南方的桂林地区，婴儿满月那天，奶奶和抱着婴儿的母亲一道到菜场买葱、蒜、芹菜，寓意孩子长大后聪明、能说、会算、勤快。在回来的路上，她们还要选一块圆而滑的鹅卵石，洗干净后放在婴儿的枕边，表示孩子长大后有胆有识。这块石头将伴着孩子长大，有的直至当新郎官才将石头放弃。满月逛街，目的是为婴儿求吉祥，人们用这种传统习俗，寄托着对下一代的殷切期望和良好的祝愿。

在满月时开始给婴儿开荤，或蒸瘦肉饼，或喂鸡汤，有的给小儿做"雀儿肉"，祝愿他长大后能像喳喳雀儿那样能说会道。

满月时，外婆给外孙送上抱裙、背带、帽子、袜子，亲友也来贺喜。满月酒席上，众人祝愿小儿快快长大。

满月除了亲朋送礼贺喜、主家设宴款待客人以外，还有剃胎发、出门游走等仪俗。

剃胎发也叫"铰头"、"落胎发"，是满月礼中的一项重要仪俗。剃头的仪式是隆重、严肃的，伴随着许多民间俗信，突出地反映了人际之礼。在浙江绍兴一带，满月剃头时外婆家要送各色礼物，其中一定要有圆镜、关刀、长命锁，圆镜照妖，关刀驱魔，长命锁锁命。剃头也有一定的规矩。山东郯城是请邻家三个年轻姑娘，手持剪刀在小孩头上比画着铰三下，接着由小孩母亲再铰。一些地区剃头时额顶要留"聪明发"，脑后要蓄"撑根发"，眉毛则全部剃光。婴儿的胎发又称"血发"，受之父母，除了要留一些表示对父母的尊敬、孝顺外，剃下来的也需谨慎地收藏起来。有的地区是将胎发用红布包好，缝在小孩枕头上，有的则是搓成圆团，用彩线缠好，挂在床头避邪。

在许多地区，满月剃头的礼仪要由婴儿的舅舅主持，或必须有舅舅参加；舅舅没来，还需捏一个蒜臼，以示舅舅在场。这种习俗可以看做是母系社会人际关系的遗留。

今日的满月礼已失去了往日的内涵，城乡人们一般不在三朝日而是在满月这天举行喜迎婴儿来到人世的贺生礼仪。城市的做法是先向亲友发出满月酒宴请柬。家庭经济条件较好的，酒宴一般是设在宾馆酒楼，也有在家里举行的。酒宴中，妈妈抱着婴儿向每桌客人鞠躬，这时还未送礼的客人就将装有钱的红包塞进婴儿衣袋里，或交给他（她）母亲。一些至亲好友也送贵重的东西，如金银首饰、摇床、坐篮、学步车和高档营养品等，大件礼物可在酒宴前送达。当代城市在婴儿满月这天仍保留了传统的剃头礼俗。

5. 祝贺百天的民族文化礼仪

孩子出生百天，家中再次庆贺，也叫"做百岁"。**百有长久、圆满的意思，过百天或做百岁，都是对孩子长命百岁的祝福**。现时，孩子百天时，求百家钱打百家锁、讨百家布做百家衣的少了，一般家庭常带孩子到户外照相或录像，以留下孩子成长的身影。有的家庭会再次设宴请客，一如过满月时的程序礼节。孩子过百天，姥姥家会送来长命锁，给孩子做一双猪脸鞋或老虎头鞋，祈愿孩子无灾无病、活泼结实、长命百岁，并接闺女和孩子到娘家住三五日。

在旧时，给婴儿"做百岁"是很有讲究的。就设宴请客来说，百日礼和满月礼基本没有什么区别。简朴一些的只备办几桌酒席。富贵人家则有门前搭红、黄两色的彩牌楼或挂红黄彩球；院内高搭酒棚，设摆茶座；正厅作为礼堂，铺红毡，烧红烛，供神像；左右设案，陈设所收各种礼品。

百日礼品和满月大同小异，其中最有特点的是百家衣和百家锁等各种各样的护身符。

所谓百家衣，就是向若干亲友家要来各色布连缀而成的衣。因百家衣是由碎布做成，故又名"百碎"，"百碎"又和"百岁"谐音，所以能得个长命百岁的吉利。今天行穿百家衣仪式的人家虽是极少，但"百碎衣"已成为一种民族服装，在很多旅游品商店中可以见到，而且"百碎衣"的痕迹在当代流行服装的设计中也可以见到。

所谓百家锁，是向若干亲友家讨来铜钱或银两打造而成，或用很多家送来的钱购买。有的人家锁正面刻有"百家宝锁"，背面有"长命百岁"、"富贵之命"、"长寿如意"之类的吉祥语。用五彩线挂在小儿颈上。戴百家锁，是为了孩子得到百家的保佑，能长命百岁。与百家锁、银项圈相连的还有百家索，又称为百家链，是用红线将铜钱编串起来，有些像大人戴的项链，挂在孩子的脖子上，其意义与百家锁相同。今天有的地方百家锁已向吉祥锁、长命锁的民俗转化。吉祥锁、长命锁不一定是由众家亲友送的，一般都是某一家亲友送的。有些地方习惯给婴儿佩戴银项圈，寓意圈住孩子，不被邪魔带走或损害。今日给婴儿戴"百家锁"已转化为有民族民俗文化蕴涵的装饰品。

6. 祝贺周岁：独特的诞生礼仪

满月、百日礼可以视作纯粹的诞生礼仪，周岁礼则具有较为独特的地方，它是诞生礼仪的总结，因而受到世人的重视。有些周岁礼的仪式比岁内庆贺仪式还郑重。

周岁礼除了请客送礼和宴请宾客，有的地方还遗存传统的试儿礼俗，即为俗称的"抓周"、"抓阄"。

"抓周"即是让过生日的幼儿随意抓东西以预测幼儿的前程发展方向，俗谓"一生儿看大，三岁看老"。

"抓周"仪式的具体做法是：在幼儿面前摆上纸笔墨砚、印章（或旧时的朝珠）、算盘、针线、炊具、首饰、花朵、玩具等许多东西，让幼儿去抓，幼儿抓了什么就表示他喜欢什么，将来会成为什么样的人，如抓了文房四宝中的东西表示会读书作文，抓了印章表示能做官，抓了算盘表示会经商，抓了针线表示会做衣服，抓了炊具表示会主持家务，抓了花朵首饰表示爱打扮，抓了玩具表示贪玩……**其实谁也不会将此当真，这不过是人们趁此机会取笑逗乐的游戏而已。**

抓阄的预卜信仰源于原始的征兆观念，这种观念认为自然界的各种现象、人类社会的吉凶祸福，在其发生之前是有征兆的，而这种征兆是由神秘力量所控制的。汉代唯心主义神学家董仲舒的"天人感应"成为学说以后，征兆信仰充溢于政治和生活的很多方面，抓阄的预卜是其表现之一。其实，一周岁的幼儿面对眼前的"奇珍异物"，他抓取什么东西纯粹是出于偶然，而以这种偶然预卜未来的职业、兴趣和爱好，完全是荒谬的。

今日城市的抓阄试儿已抛弃了信仰成分，成为了一种娱乐方式。而且，有的还注入了新的内容，寓含着提醒社会和监护人尊重孩子的兴趣和爱好，而不是像当代教育制度一样，给孩子千篇一律的教学内容和要求。

7. 婴儿满月宴的贺词礼仪

满月礼，亦称"月酒"，指婴儿出生一个月时，主家请客人或是客人自己携贺礼来庆贺。这天，必须要给婴儿理发。剃下的头发搓成团，用红绿花线穿起来，挂于堂屋高处，认为这样可以使婴儿将来有胆有识。也有的人家将胎发请专门的店家制成毛笔，永久保存。一般剃发时都将胎发、眉毛剃尽，以便使再生的头发、眉毛浓密。**这时，贺客不免要讲一些祝福的客套话，以行礼数。**

◇ 满月席上母亲的致辞

示例一

亲爱的各位来宾、朋友们：

今天是我们的小宝宝的满月宴，非常感谢大家深情厚谊前来参加。在此，我代表全家对各位的光临表示热烈的欢迎和真挚的谢意。

一个月前，小宝贝降临人世。听到那一阵阵哭啼，我们的激动之情难以言表。爸爸妈妈一直盼望着他的到来，他的降生，为我们全家带来了无限的欢乐。

记得他刚出生时，只有5斤重。闭着小眼睛躺在妈妈的怀里，就像小兔子一样。瘦瘦小小的，叫人看了好心疼。这段日子以来，他很努力地吃奶，乖乖地按时睡觉，慢慢的，慢慢的，他的小脸蛋变得圆圆鼓鼓的，脸颊还透着一丝健康的红晕。他的手臂原来是瘦骨伶仃的，现在也变得浑圆浑圆。短短的一个月，他从一个精瘦的小家伙变成一个白白胖胖的宝宝了。你知道吗，爸爸妈妈都很为你高兴，也很为你自豪。我们的小宝贝健康快乐地成长，就是爸爸妈妈最大的心愿。

今天，在这么多爷爷奶奶、叔叔阿姨们面前，小宝贝显得格外有精神。他时而笑个不停，时而滴溜滴溜地转着他的大眼睛。看来，小家伙也在为大家的到来感到高兴。有这么多长辈们的祝福，小宝贝一定可以快快乐乐、健健康康地成长。

宝宝，妈妈想对你说：亲爱的儿子，你已经顺顺利利地走过了生命中的第一个月了。你是爸爸妈妈的小宝贝，是我们最疼爱的孩子。我们希望你能够茁茁壮壮、健健康康地成长，用心走好将来的每一步，无论遭遇怎样的坎坷，都积极乐观地面对。这就是爸爸妈妈对你的最大的期望。

最后，爸爸妈妈再次祝你满月快乐，希望你在今后的每一天都能像今天这样开心快乐、平安健康！干杯！

示例二

各位亲戚、朋友：

今天是我家宝宝满月的日子，承蒙各位长辈、亲朋前来道贺，在此，且让我先代表我的宝宝和家人，向你们表示热烈的欢迎和深深的谢意。

一个月前，伴随着一阵阵清脆响亮的啼哭，宝宝像天使一样来到了这个世界，而我，也正式成为一名母亲。

曾经，我对身为母亲的感受作过许许多多的想象，我的心中一遍又一遍地闪现母亲的身影，而母亲恬静幸福的笑容，也一次又一次地在我的脑海中划过。那么身为母亲，到底有着什么样的感受？如果有人问我这样的问题，我想，我会这样回答：成为母亲，是心灵上的一次成长，从此，你的肩上多了一份责任，心中也多了一份情感依托。怀抱着宝宝，你似乎拥有整个世界，满心的幸福感比任何时候都要强烈。

作为一名新妈妈，我至今仍手忙脚乱、措手不及。每天的喂奶、换尿片、洗澡、逗宝宝玩耍……这一切繁琐而重复的工作，似乎没有停息。我想，这是每位母亲都必须经历的，也只有经历这些，才能成为一名合格的母亲。有时候，在他睡着的时候，我常常一个人闭目遐想。想到宝宝再长大一点，等他能够在餐桌上大口吃饭，等他会搂着我的脖子说"妈妈我爱你"的时候，我总会笑出声来。亲眼看着宝宝一天一天地成长，我想，这就是身为母亲最大的期待和心愿。

在今天这个欢聚的时刻，我祝愿我的宝宝健健康康、快快乐乐地成长。也祝愿在座的各位家庭美满、幸福安康！

让我们共同举杯，为所有的宝宝都能拥有更为美好的明天，干杯！

◇ 满月宴上父亲的致辞

示例一

各位来宾、亲朋好友：

我的宝贝儿子，一个月前，来到了这个世界上。首先。感谢我的太太，我的母亲，我的父亲，一齐照顾了我们的心肝宝贝。同时，我对各位的到来表示热烈的欢迎，对各位的祝福表示衷心的感谢。

儿子，爸爸妈妈想要告诉你，等你长大后，一切都要有准备。现在，你还可以开心地躺在我们的怀里，无忧无虑地生活，因为爸爸妈妈会给你一片安详的天空。但在你长大的过程中，你必须学会独立，并对未来的生活、学习和工作做好准备，这样才能闯出一番属于自己的天地。

在过去的时光中，当我们感悟着生活带给我们的一切时，我们越来越清楚人生最重要的东西莫过于生命。为人父母，方知辛劳。在抚育××的三十天里，我和妻子已经尝到做父母的艰辛。也体悟到我们的父母在养育我们时是多么地不易。在这里，我要对父母说，爸妈，你们辛苦了！谢谢你们对我的养育，以及对宝宝的爱护！

在过去的日子里，在座的各位朋友曾给予我们许许多多无私的帮助，让我感到无比的温暖。在此，请允许我代表我们全家向在座的各位亲朋好友表示十二万分的感激！

今天以我儿子满月的名义相邀各位至爱亲朋欢聚一堂，菜虽不丰，却是我们的一片真情，酒纵清淡，却是我们的一份热心。若有不周之处，还望各位海涵。

让我们祝愿这个新的生命、祝愿我们的小少爷健康成长，更祝愿各位朋友的下一代，在这个祥和的社会中茁壮成长，成为国家栋梁之材！也顺祝大家身体健康，快乐连连，全家幸福，万事圆圆！干杯！

示例二

各位领导、各位亲朋好友：新年好！

首先对大家今天光临我儿子的满月酒表示最热烈的欢迎和最诚挚的谢意！此时此刻，此情此景，我站在这里，心情很激动，面对这么多的亲朋好友济济一堂为我儿子满月庆祝，我们感慨颇多。

为人父母，才知辛劳。在过去的30天中，我和妻子尝到了初为人母，初为人父的幸福感和自豪感，但同时也真正体会到了养育儿女健康成长的无比辛劳。今天在座的有我的四位父母，对于他们三十年的养育之恩，我们无以回报。今天借这个机会向他们四位老人深情地说声：谢谢了！并衷心地祝他们健康长寿！

助我者朋友也。这些年来，在座的各位朋友曾给予我们许许多多无私的帮助，让我们感到无比的温暖，人们常说："亲戚是命中注定的，朋友是自己选择的。""财富不是朋友，朋友却是财富。"今天，我和妻子为有这样一笔宝贵的财富而感到骄傲和自豪。在此，我代表我们一家三口向在座的各位亲朋好友表示万分的感激！

今天以我儿子×××满月酒的名义相邀各位至爱亲朋欢聚一堂，菜虽不丰，但是我们的一片真情，酒虽清淡，但是我们的一份热心，若有不周之处，还盼各位海涵。

祝各位新年吉祥、万事如意！谢谢。

◇ 满月宴上爷爷的致辞

示例一

各位亲朋好友：

非常感谢各位在百忙中前来参加我的小孙子的满月酒宴。各位的光临让×某不胜感激。我在这里首先代表全家，向你们表示热烈的欢迎和深深的谢意。

我们全家人都不会忘记这个重要时刻，××××年××月××日上午××时××分，这是我的小孙儿的生辰。他刚出生时仅有5斤重，就像一只可爱的小猫。他的来临给我们全家带来了无限的欢乐。可以说小宝宝是上天赐予我们家的最好的礼物。

今天，亲朋好友齐聚一堂，共同庆祝小宝宝的满月之日。每一个孩子的新生都代表一个家庭新的希望，小孙儿的到来，同样也使得我们整个家庭的风貌焕然一新。这么多天来，家里每个人的脸上都挂着幸福的笑容，不管干什么都特别起劲。如今有了这么多的幸福和喜悦，我禁不住同大家一同分享。在这个特别的日子里，我也说上几句吉祥话。我祝愿还没有找到对象的小青年们早日找到心目中的另一半；祝愿刚结婚的小两口小日子和和美美，早日生个胖娃娃；祝愿中年人工作顺利、家庭幸福；祝愿老年人多子多孙、儿孙满堂。

借着这个契机，我也祝愿小孙儿活活泼泼、健健康康；祝愿他无忧无虑、茁壮成长。希望小孙儿能够早日成长为国家的栋梁之才，为祖国的繁荣昌盛、美丽富强贡献出自己的一份力量。

最后，我也祝愿在座的各位好友亲朋家庭和美、幸福安康！薄酒素餐，不成敬意。希望大家吃好、喝好。

谢谢大家！干杯！

示例二

尊敬的各位来宾、各位朋友：

今天是我孙子的满月之日，感谢各位在百忙中拨冗前来道贺。在此。我首先代表全家人向在座所有的亲朋好友表示最热烈的欢迎和最诚挚的谢意，感谢你们为这小孙子带来的祝福。

我和我的老伴一直都希望能够早日抱上孙子，一个健康可爱的孩子，是全家人的开心果，是全家人的希望，会为整个家庭带来勃勃的生机，以及无尽的欢声和笑语。承蒙上帝的特别眷顾，在我年逾古稀之时，上天真的赐给了我一个可爱的孙子，人生如此，可以无憾矣！

　　一个月前，这个小宝贝就像一个小天使，来到这个世界上。我们的生活中自从有了他们，也发生了翻天覆地的变化。两个小宝贝的一举一动，牵动着我们的心，也影响着我们的生活。如今，一家老小成天到晚围着他们团团转，忙得焦头烂额，倒也乐在其中。

　　对于孙子的降临，我们在欢乐欣喜之余，自然深感肩头的责任重大。我们要尽心尽力地教育和培养宝宝，努力使他们健康成长，早日成为国家的栋梁之材，为祖国的建设和发展作出自己的贡献。对此，欢迎大家前来监督视察，也请大家放心。

　　最后，我想再次向大家对小宝贝们的关心和爱护表示深深感谢。祝各位工作顺利、家庭幸福，同时也祝愿我们的小宝贝们健健康康、快快乐乐！

　　让我们共同举杯，为小宝贝们的茁壮成长，也为我们大家的幸福美满，干杯！

　　◇ 满月宴上姥爷的致辞

　　示例一

尊敬的各位来宾、亲友们：

　　今天，亲朋好友们欢聚一堂，共同庆祝我的外孙女的满月之喜。在这短短一个月的时间里，外孙女每一天都有新的变化、新的进步，这30天，则标志着她成长的一个里程碑。今天，有各位亲朋好友共同见证这个特别的日子，我的内心充满了喜悦和感激。在这里，我首先祝贺我的外孙女满月快乐，同时，我也代表小孙女和全家人，向在座各位亲朋好友百忙中前来道贺，表示热烈的欢迎和深深的谢意。

　　一个月之前，小宝贝呱呱坠地，她的哭啼就像最动听的乐曲，为我们全家带来了最美好的消息。她的到来。为这个家庭带来了可喜的变化，为我们的生活注入了新鲜的活力。有了这个宝贝外孙女儿，我和她的姥姥成日里乐得合不拢嘴，平时单调的生活，似乎一下子充满了乐趣。

　　在这个特别的日子里，我要特别地感谢我的女婿和亲家全家，感谢他们在我的女儿怀孕期间对她的悉心照顾，感谢他们一直以来的包容和体谅。我的女儿拥有如今这样的幸福生活，和你们全家人的用心呵护是分不开的。因此，我要代表我的爱人，我的女儿和小外孙女儿，在这里真诚地对你们道一声感谢。

最后，请让我们共同举杯，祝福小宝贝健健康康、快快乐乐地成长，祝福她拥有一个美好的未来。让我们为她能顺应天时、地利、人和，德智体美和谐发展，为她能够早日成为国家和社会需要的有用之材，同时也为在座各位来宾的身体健康、工作顺利、家庭美满。

示例二

尊敬的各位领导、各位亲朋好友：

大家好！

今天是××××年××月××日农历×月初×，是一个吉祥喜庆的日子。今天是×××、×××为儿子，我为外孙满月，在××大酒店，举行的喜庆满月答谢酒宴！

参加喜庆活动的各位都是特邀、应邀和硬要来的各行各业的精英领导代表，亲朋好友的代表。群贤尽至，精英相聚，欢欣鼓舞，倍感亲切。

为此，我代表蔺氏家族和苑氏家族对参加喜庆活动的各位表示最衷心的感谢和最热烈的欢迎！

你们的到来，使酒——更香，使亲——更近，使情——更深。

你们的到来，为天天添彩，为幸福增辉，为人生加喜。

你们的到来，带来了祥云，带来了亲情，带来了友情，带来了欢乐，带来了喜庆！

为此，本主持人代表爷爷 奶奶 姥爷 姥姥 爸爸 妈妈 孙子表示万分的感谢和万分的热烈欢迎！

在今天的喜庆日子里，请出做出突出贡献的×××，×××向各位鞠躬致谢并致答谢辞。

初当爸爸，道出了幸福，说出了喜悦，讲出了真情，表示了孝道，明确了责任。

这就是蜜的甘甜，花的绽放，果的飘香，夏的暖阳，情的涌动，心的承诺。

让我们再一次以热烈的掌声鼓励他们再做出的突出贡献和最幸福的祝愿！

祝愿大家能官的努力升大官，能生财就努力生大财，能生孩子就努力多生孩子，总之能生（升）就好！

下面请——各位斟满酒，举起杯！

喝了这杯酒，喜上加喜，官上加官，财上加财！

喝了这杯酒，永远幸福，身体安康，万寿无疆！

喝了这杯酒，茁壮成长，一切顺畅，前途无量！

我提议：为大家心想事成，愿望达成，一切能成。

开怀畅饮，尽情分享快乐幸福。——干杯！干杯！再干一杯！

谢谢大家！

◇ 满月席上母亲挚友的致辞

示例一

各位来宾、亲朋好友：大家晚上好！

千金千金不换，喜庆掌珠初满月。

百贵百贵无比，乐得头冠贺佳年。

今天是××先生的千金满月的大喜日子，在此，我代表各位宾朋向××先生表示真挚的祝福。同时受××先生委托，代表他们全家对在座亲友的到来表示热烈的欢迎。

人生主要有两大内容，一是事业，二是生活。对我们的好友××女士来说，事业上步步高升，一帆风顺，前程似锦。在生活上，她婚姻美满，喜得爱女。××女士事业、生活双丰收，真让人羡慕，我们在这里衷心地祝福他！

父母的心愿只有一个，望子成龙，望女成凤。为此凤愿，××夫妇特为爱女取名××，有快乐成长、吉祥如意的深刻含义。爱是心的呼唤，爱是无私的奉献，××夫妇给予孩子全部的爱。相信在这样充满爱的环境下长大，宝宝一定会是一个有爱心的孩子。

今朝同饮满月酒，他日共贺耀祖孙。

作为××女士的朋友。看到她拥有这样一个美丽可爱的小天使，我们都为她感到由衷的高兴。而对"小天使"我们也都怀有万分疼爱的心情。在这里，请允许我代表大家对小天使说，你的满月就是我们大家快乐的节日，愿你身体健康、快乐成长！

最后，让我们共同举杯，祝福××女士的千金、我们大家的小天使早日成长为亭亭玉立的少女。也祝大家全家幸福，万事如意！干杯！

示例二

尊敬的各位领导、各位尊贵的来宾：

大家晚上好！

今天是公元×××年××月××日农历×月初×，是一个喜庆、欢乐的好日子！一个可爱的小生命，一个幸福的宝宝，一个快乐的小天使，一个聪明的小帅哥降临到我的女友××家大院，宝宝的到来给他们家带来了无限的喜庆和幸福，今天是宝宝满月的纪念日，各位尊贵的来宾都带着美好的情意前来祝贺，承蒙各位亲朋好友的关心厚爱，让所有的祈祷和祝福都化作这热烈的掌声，欢迎宝宝×××小朋友，来到人间。

同时也祝福××夫妇家庭幸福、事业有成，而今又喜得贵子，可喜可贺。你当妈妈了，真为你高兴，为你自豪，希望你的家庭幸福、合家欢乐。

祝福宝宝健健康康成长、快快乐乐生活，越长越聪明，越长越可爱，越长越乖，越长越帅！亲情和爱使宝宝幸福，亲情和爱永远陪伴着他。请上苍赐给这孩子健康与聪慧吧！

◇ 满月宴上主持人的致辞

示例一

各位来宾、各位亲友，女士们、先生们：

大家早上好！

今天是××××年××月××日，是××先生和××女士的孩子××满月的日子，在这和煦的春风中，我们相聚在这里共同为他庆贺。在这里，谨让我代表××全家，向在座各位亲友们百忙中前来光临，致以热烈的欢迎和衷心的感谢。

每一个孩子都是新的希望，每一个孩子的降临，都使整个家庭充满了欢乐的色彩，同时，每个孩子的到来，也使我们的国家、我们的社会增添了新的力量。如今，我们的祖国正处于蓬勃发展的新时期，可谓朝气蓬勃、日新月异。××小宝贝出生在这个美好的时代，真是喜逢盛世。我们所有人都期待他快快长大，早日为祖国的建设添砖加瓦，早日成为祖国的栋梁之材。

希望是猎手的利箭，是骑士的快马；希望是开拓者创新的动力，是奋斗者的源泉。希望使猎手射中疾驰的猎物，使骑士在战场上英勇搏杀；希望使开拓者常葆开拓进取的精神，使奋斗得以撷取胜利的果实。希望我们的小宝贝××，未来能够像利箭一样飞驰，像快马一样奔腾，永远带着最强大的动力和最饱满的精神，去追逐那胜利的源泉。

你是新时代的希望，是阳光下的花儿，我们期待着你像雄鹰展翅，像船舶起航，展翅翱翔，乘风破浪！

亲爱的朋友们，让我们共同举起手中的酒杯，为小宝贝××献上最真诚的祝愿，愿他健健康康、快快乐乐；愿他朝气勃发，意气昂扬；愿他如烈日下的和风，如冬日里的暖阳。愿他早日放飞梦想，放飞希望，去追逐明天的太阳。朋友们，让我们为××小宝贝的满月快乐。也为在座所有朋友的幸福安康，干杯！

示例二

尊敬的各位来宾，各位亲朋好友们：

大家中午好！

今天是××先生的宝宝满月的大好日子。我是今天的主持人××，很荣幸能和大家一起分享这个美好的时刻。首先请允许我代表××先生的全家对各位来宾的到来表示最热烈的欢迎和衷心的感谢。

今天是××××年××月××日，农历×月×日，今天是个喜庆吉祥的日子，因为今天是××先生和××女士的贵子满月的日子。下面就让我们以热烈的掌声，有请今天最幸福的爸爸××先生闪亮登场！

看！真所谓是人逢喜事精神爽，春风得意马蹄轻啊，××先生终于当上爸爸了，看他乐的嘴都合不上了，来和大家打个招呼吧！"大家好"！××先生和爱妻××女士与××××年××月××日喜结连理之后，一直过着甜蜜的二人世界，就在一个月前，一声响亮的啼哭声，打破了这二人世界的宁静，他们的爱情结晶××小宝宝诞生了。从此使这甜蜜的二人世界变成了幸福的三口之家。使××先生从准爸爸一下荣升到了爸爸！使××女士从准妈妈荣升到了妈妈。

都说世上只有妈妈好，其实世上的爸爸也很好。但是十月怀胎一朝分娩，孩子的生日娘的苦日，作为孩子的母亲××女士的确不容易，也很伟大，今天因为要照顾小宝宝，不能来到我们的典礼现场，在这里也让我们给我们宝宝的母亲来点掌声吧，祝福他们母子平安健康，幸福快乐，也祝福天下所有的爸爸妈妈们幸福安康！

典礼前××某先生对我说，真是不当家不知道柴米贵，不养儿不知道父母恩啊，只短短一个月我深切的感受到作为父母的不容易，在这里，我也感谢我的爸爸妈妈给了我生命，感谢我的岳父岳母给了我个好女儿，如今又给我生了个胖儿子，在这我给爸爸妈妈岳父岳母鞠躬了，爸爸妈妈你们辛苦了。

就生活而言，就两大幸事，一是家庭幸福，二是喜得贵子，二者兼备是为幸福。幸好某某先生都拥有了，那么我们再一次祝福他们这幸福的一家人吧。

正所谓，家庭乐趣添新章，喜得贵子倍欢畅，亲朋好友聚一堂，爱情硕果共分享！朋友们让我们共同斟满面前的酒杯，祝福我们的小宝宝××健康成长，长大成为国家栋梁。幸福安康，快乐一生。

最后祝大家吃好喝好不喝倒，吃光喝光身体健康，下面典礼圆满礼成，喜宴开始，希望大家开怀畅饮，共同干杯！

8. 幼儿周岁生日的致辞礼仪

◇ 幼儿的母亲致辞

亲爱的宝宝：

今天是你一周岁的生日。当你还在妈妈的肚子里的时候，妈妈就对你充满了期待，想象着宝宝会是什么样子呢？妈妈生怕你在里面会不舒服，会饿着，会寂寞，于是每天都放音乐给你听；每天都尽量多吃有营养的食物；睡觉前让爸爸讲故事，让你时时刻刻地知道，我们都在关注着你。还有呢，生怕你有什么不妥，每天都得数上好几次胎动的次数，定期去医院检查。为了生你的时候不让你太痛苦，妈妈每天都挺着个大肚子跟着音乐做上一套孕妇体操，练着孕妇式的呼气和吸气。

都说自然生产产下的宝宝好，于是妈妈就拼命克服着恐惧感，勇敢地产下了健康的你。

都说吃母乳的孩子抵抗力好、聪明，于是，坚持着用甘甜的乳汁喂养你。的确，你现在的抵抗力是得到了加强，到目前为止还没有发过一次烧呢！对此，妈妈感到非常欣慰。

这一年里，你成为了妈妈的生活中心。你笑，妈妈也笑；你哭，妈妈就苦恼。你刚从妈妈的肚子里钻出来时，还是那么小小的、软软的。脸和其他小伙伴没什么分别，到现在长成了健康、漂亮、聪明的小伙子；从一个只会吃奶的小婴孩，到已经可以独自站立，有了自己主意的棒小伙。宝宝，你就是妈妈的全部骄傲。妈妈在你满五个月的时候，开始尝试着在网络上为你安了个新家，记录着你的成长故事。要知道，妈妈一向对写作不感兴趣，在学校读书的时候，对老师说的"用心去写"始终不得要领。可是，亲爱的宝宝，由于你的到来，妈妈懂得了"用心去写"的真谛。虽然妈妈写的文章不够华丽，有时还会出现错别字，但是，亲爱的×××，妈妈是用心来感悟你带给妈妈的快乐的！

亲爱的宝宝，第一年只是你生活的开始，以后，还有许许多多的生活体验等着你一一去尝试。妈妈会在身边陪着你，支持着你，默默地注视着你，记下你的点点滴滴。亲爱的宝宝，你要做生活的强者，要有勇气来克服生活中的不如意，做一个真正的男子汉！亲爱的宝宝，妈妈爱你！你永远是妈妈生活中不可分割的一部分。

◇ 幼儿的外公外婆致辞

我们最亲爱的小外孙：

你的第一个生日到来了！你知道外公外婆此刻的心情吗？

我们特别高兴，因为你是我们心中的小太阳，是我们精神与生命的无限寄托！

记得×××× 年×× 月×× 日晚，我们一夜未眠，心中默默祝福你的平安降生。

×× 日凌晨，你终于来到了我们的生活中。推窗远望，那是一轮充满朝气的红日，我们的小××，你就是我们的小太阳。

今天是你的第一个生日，外公外婆祝你健康成长，快快长大。我们相信不久的将来，你将是一匹聪明能干、学识渊博、永远向前的小"骏马"。

我们盼望着你长大，盼望着你健康，盼望着你早日成为国家有用的人才。

外公外婆送你周岁对联一副：

冬至一阳生，春雨春风期可待，试看抓周兆；

时来周岁满，成才成德又何迟，当怀凌云才。

◇ 爷爷奶奶的致辞

各位尊贵的来宾、各位亲朋好友：

感谢诸位的光临和诚挚的祝贺！

此番粗蔬薄酒的招待，既是顺时应俗之举，也藉以向大家宣告：我和妻子应尽的人生责任，就此画了一个句号；抚养、教育第三代的接力棒从而交给她的父母。如果代代都能尽心竭力于自己这一环节，人类繁衍的链条就会实在有序地接下去，而不仅仅局限于一个家族的顺延，也不在于生男生女，关键在于优生优育。更况女子的能力和地位已日渐为人们所共识的今天。

但我还是以"过来人"的经验与体会来告诫乍为人父人母的我的下一代：有了孩子，就标志着从此肩负了人生的担子。不仅要让你们的孩子过得幸福，更重要的是以自己的言行给予良好的熏陶；当好孩子的第一任老师，使之将来成为无累于自己而有益于社会的人。相反地，物质上过分地优裕和感情上失态地投入，最容易成为孩子懦弱和任性的温床。如果做父母的没有这般睿智，不仅使自己将来备受苦涩，也会贻误了自己可爱的孩子。舐犊之情，人皆有之。关键是如何爱孩子，是爱在将来，还是爱在眼前？做了父母就意味着从而有了影子，这影子的正和斜，全取决自己端庄与与否。适可给孩子一点艰苦，教给孩子如何做人和处世的知识，远比给其留一笔财富更实惠、更受用——财富有罄尽的时候，而能力可以创造财富。以己之昏昏，使人之昭昭，这不可能。要让孩子将来孝敬自己，除非自己一直做出好榜样来。

什么蔓结什么瓜，什么种子开什么花——生物学的法则同样准确于人文学。

尽管我们这个社会的经济繁荣了，生活水平提高了，但人的素质和经济富裕并非同步发展。中国人致富的本领没说的，但未必全有驾驭富裕的睿智，于是，这样的反差很自然地把一些人引入歧途。如果不正视这个现实，不仅仅是父母，也容易把孩子导入一个误区。从某种意义上讲，一个社会的繁荣往往是以道德的沦丧为代价的。但不管历史如何发展，时代怎样变迁，道德的尺竿绝对不能因之而削减，甚至消失；否则，这个家庭，这个民族，这个国家，就会面临危险的境地。

在这个重复了数千年的传统的喜庆酒席上，仅以此表达我和妻子的心愿，再一次感谢诸位的光临。

请上苍赐给这孩子健康与聪慧吧！

9. 亲朋好友送贺联的礼仪

当婴儿呱呱坠地，一个新生命降临人间，这是新生命的喜事，家庭的喜事，也是社会的喜事，与婴儿父母有关的亲朋好友都会给予祝贺，而庆贺、诞生诸多礼仪，尤以送喜联为高尚文明。因为，今日的人们已不愁吃愁喝，基本上过上了幸福快乐的好日子，喜庆的同时，尤为注重精神上的享受，所以贺喜送对联成为时下一大亮点。

庆贺喜事的对联也称喜联。对联从五代兴起，在文学发展史上于骈体文和律诗以后，所以对联与骈体律诗在写作上有必然的关系。对联字数有"四言"、"五言"、"六言"、"七言"、"八言"，其字数多于八言则称为"长联"。写作方法要注意辞意贴切，对仗工整。一些有文化档次的家庭讲求仪典的高雅气氛，逢诞生礼典自家张贴大红喜联，亲友也就送来祝贺喜联。**对联虽小，却寄寓深情，备受世人重视，作用颇大。**贺生对联，有的在婴儿诞生之后即送去，有的是在举行婴儿诞生仪典时送去。如较为流行的有以下几类。

◇ 生子

福家添虎子　麟降合家欢　　桂花增祥光　慧生满堂星

啼声报喜得佳子　庭前兰吐芳春玉

春光盈门育英才　掌上珠生子夜光

桂子呈祥多厚福　啼声惊座知人杰

兰孙毓秀兆嘉征　佳气充闾卜世卿

◇ 生女

彩悦悬门巾帼喜　　绕庭争看临风玉
明珠入掌女儿亲　　照室更喜入掌珠
喜看华夏添巾帼　　今日喜生嫦娥女
早卜前程胜须眉　　他年笑看状元郎

◇ 生双胞胎

娇儿成双二乔才并蒂花开莲房有子
淑女结对千金宝同心缕结竹簟生凉
玉种蓝田征合璧喜望红梅开小子降福地
树栽碧海喜交柯乐迎石榴香千斤随华门

◇ 添孙

重围掷果祖父重光青箱传业
老子含饴孙枝挺秀蓝玉怀珍
喜看红梅新结籽（子）瓜瓞欣看绵世泽
笑看绿竹又生笋（孙）梧桐喜报长孙枝

◇ 添曾孙

一门绕五福梧桐开四叶
四代庆同堂燕翼孙添丁
天赐石麟祥开四叶竹立成行家多令子
庭投玉燕瑞霭一堂瓜瓞引蔓孙又添孙

延伸阅读：

祝贺生孩送祝米

在中国传统生育礼俗当中，无论谁家生了孩子，亲朋好友，尤其是产妇的娘家人都会带些礼品前去看望祝贺，俗称"送祝米"，或叫"送米"、"送米面"、"送月米"、"送汤米"、"送粥米"、"送糖米"、"送乳汁米"，也有的地方叫"送米糖"、"送汤"、"下汤"、"对道"、"看欢喜"、"等喜客"、"吃面"、"吃大面"、"吃喜面条"、"做日子"、"十二日"等，名称众多。各地对"送祝米"叫法虽不一样，表现形式也不尽相同，但实质却是一样的，都是对生孩子的祝贺。

送祝米的习俗，主要是表示祝贺，这既是人情，同时也有邻里相助的成分。以前大多数家庭的生活都比较差，仅靠自己的家庭条件难以为产妇提供良好的营养品，既不利于产妇身体的恢复，也不利于新生儿的发育。于是亲戚、邻居们就送些物品来帮助他们，久而久之演化成一种习俗。一般情况下，邻居或亲友们在看到用以表示添喜的"挑红子"或者收到喜面、红喜蛋后就会前去贺喜，送些鸡蛋、小米、点心和面粉等食品，让产妇补补身子。值得关注的是，产妇的娘家"送祝米"十分讲究，各地的差异也相当大。单从送祝米的时间上看，各地就颇不相同，有的是接到喜讯后立刻就去；也有三天、六天、八天、九天、十天、十二天的，也有的不是很固定，往往是在报喜时确定好哪一天去送，这样也好让孩子的奶奶家有所准备，因为送祝米当天多是要招待酒席的。由于各地物产不同，产妇娘家送祝米的礼品和送过祝米后所带的回礼也颇具特色。

河南商丘称"送祝米"为"送中米"，其时间基本上是在报喜时商定，一般多在男孩出生后的第十二天，女孩出生后的第九天进行，称为"男十二女九"，或"做九"、"做十二"。也有些人家为了图省事，将送祝米和满月庆贺一起进行。所以在当地，送祝米也被称为"送月礼"。若逢日子不吉利，如恰好在农历的初五、十四、廿三和初八、十八、廿八这几天，当地人认为这些日子不吉利，便要改换时间，可提前也可推后，但一般是提前一天而不推后。送祝米的礼品主要有米、面、鸡蛋、红糖、肉以及婴儿衣帽等物。婴儿的父母或祖父母家会盛宴款待送祝米的客人。宴席上必有面条，以其"缕缕长条象征婴儿长命"之意，所以当地也将送祝米称为"吃喜面"。

山东泰安称"送祝米"为"送粥米"或"吃面"、"吃喜面"，时间由新生儿的外祖母家确定，一般生男孩的是在第六天或第十二天，生女孩的在第九天。送祝米这天，新生儿的外祖母家和亲朋好友都要送许多礼品。所有参加送祝米的人凡是与新生儿的外祖母家有关系的，都必须先到新生儿的外祖母家集合，然后结对抬礼品往新生儿家做客。礼品放在食盒当中，有鸡蛋、红糖、米面、肉，还有新生儿的外祖母亲手做的棉裤，其舅母、姨买的小孩衣帽等。送的肉有讲究，如果生的是小男孩，送一对猪前蹄；如果生的是小女孩，则送八斤肉。食盒的上层要放一条蓝色的长布作婴儿的尿布，若是男孩，就将长布的两头都露在盒外，若是女孩，就只露一头。做客的全是女人，而且要求是儿女双全的女人，做客时还要带上孩子入席。客人入门，先吃红糖稠饭加鸡蛋，名曰"点心"。中午入宴席之前，要先以方头巾挂面，另加一副新扎腿带子，郑重登门请接生婆。请到后，让其坐在首席，并由新生儿的外祖母作陪。让酒开席从接生婆开始，接生婆也不推辞。散席之前，新生儿家要将回礼备好，放在院子里，名曰"押院子"。给新生儿外祖母家的回礼是煎饼两个、葱两棵、麦麸一把、盐一把，其意为聪（葱）名、有福（麸）、有缘（盐）分。来客在回去时，还要偷一个烤糊的馒头或者煎饼，丢给自己的狗吃，所谓"外甥狗，外甥狗，吃了饭，他就走"，颇有些戏谑的味道。

10. 为新生儿取名的礼俗

民间取名习俗多种多样，大致有以下几种，仅供参考。

◇ 节令法

根据孩子出生时的节令与花卉取名。如春慎、夏雨、艳秋、晓冬、兰贞、菊香、月桂、雪梅等。常见于女性。

◇ 地名法

有沈申（上海）、王渝根（重庆）、林浙光（浙江）、袁晋（山西）、黄云生（云南）等。如老舍的大女儿生在济南，就取名"舒济"。**也有从祖籍及出生地中各取一字，缀联成名，如张绍庆，祖籍浙江绍兴，出生在重庆，主要都是以纪念为主。**

◇ 盼子法

父母在连连产下女婴，盼子心切，则会在为女儿取名时用上根（跟）弟、玲（领）弟、招弟、盼弟等有趣名字。

◇ 抱子法

夫妇膝下无子，从外地或外姓抱养一个孩子。此类孩子的名字中，常有一个"来"字，如来宝、来娇、来根、来发。

◇ 动物法

据老年人说：猪狗牛羊等牲畜是下贱动物，因其下贱，故不被邪鬼注意，取作人名，孩子容易养大。如阿羊、阿牛、阿猪、小兔、小狗等等。另外有一类名字与此相关，是以孩子出生年份的生肖取名，如小龙、家骏（马）、玉兔、牛刚等。此类用字在农村较常见。

◇ 体重法

鲁迅的小说《风波》中描绘："这村庄的习惯有点特别，女人生下孩子，多喜欢用秤称了轻重，便用斤数当作小名。"如"九斤老太"，这是浙东民间的一种特殊取名风习。

◇ 性变法

夫妇接连生儿，或接连生女，于是将其中某个男孩取女孩名，当作女儿养育；或将某个女儿取个男孩名，当作男孩看待。这在民间常常见到，前者取名如新妹、宝姬、秋月，后者取名如亚男、家骏、家雄等。

◇ 五行法

根据五行缺行取名，这在大陆四十岁以上的人名中占的比例较大。昔时民间取名，要请算命卜卦者推算"八字""五行"，假如某人命中五行缺少某一行或两行，那就得用缺行之字，或用缺行作偏旁的字取名补救，否则孩子就命途多舛。如鲁迅小说《故乡》中闰土的取名：因为他是"闰月生的，五行缺土，所以他的父亲叫他闰土"。又如方有海（缺水）、张鑫（缺金）、高森康（缺木水）、徐炎坤（缺火土）等人名，亦是以五行法命名的。

◇ 排行法

兄弟双名，其上一个字或下一个字相同，叫排行。如：《左传》长狄兄弟四人，名为侨如、焚如、荣如、简如。又如《水浒传》中的阮小二、阮小五、阮小七。

◇ 继拜法

有些为人父母者，认为自己的孩子命薄，非有两姓以上的人共养，才能成人。于是将孩子过继给异姓夫妇，再拜请他们另取新名。这类孩子的名字往往为某姓的养子之意，如：何养、周留根、张清（请）苗、郑抱贤（婴）等。

◇ 成语法

所谓成语，就是长期以来形成的一些固定结构和固定含义的词组或短语，其中绝大多数都是四个字。有些成语的含义从字面上就可以看出来，如"丰富多彩"、"远走高飞"、"盖世无双"。"阳春白雪"出自楚词，意指高雅的事物；"百步穿杨"出自《庄子》，意指箭法精绝；"卧薪尝胆"出自《吴越春秋》，意指不忘昔日之苦，发奋图强；等等。**这些成语故事包含着深刻的道理，是古代人用以取名的很好的材料。具体如：**石成金（点石成金）、江如画（江山如画）、古常青（万古常青）、容自若（从容自若）、计万全（万全之计）、杨百步（百步穿杨）、洪福天（洪福齐天）、程万里（万里鹏程）、文四宝（文房四宝）等。

延伸阅读：

给新生宝宝取名的忌讳

宝宝呱呱落地，父母最关心的莫过于给孩子起个好名字。其实命名时存在许多忌讳。现将这些起名时常见的忌讳归纳如下。

◇ 忌祖先和先贤的名字

汉族起名，一般避对祖先的名号。其一是汉族传统极讲辈分。以祖先名字为名，不但打乱了辈分的排序，而且会被视为祖先的不敬。其二是由于汉族名字的特殊性决定的。

◇ 忌生冷字

如果命名时使用一些生僻字，一般人不认识，就会影响交际。

◇ 忌多音字

我国的姓氏多半属于单音字，也有个别姓氏属于多音字，如"乐"

字。这种姓氏在交际时会造成麻烦。

◇ 忌读"绕口"字

命名有时可以用叠音的方法，例如：丁丁、方芳等。如果不是叠音的姓名，名和姓的发音方法就要拉开一定的距离。否则，读起来会不顺口。有些名字读起来费劲，弄不好就会读错、听错。原因在于取名用字拗口。几乎成了"绕口令"，如沈既济、周啸潮、耿精忠、张靓阳、胡楚父等。

◇ 忌姓名字体的单调重复

有些人命名，喜欢利用汉字的形体结构做文章。例如：金鑫、王珏、石磊、林森等，这种命名的审美效果颇佳，可惜我们的姓氏能如此利用的微乎其微。而且，上述之姓也不可能人人都使用这种方法。有些人取名时喜欢将姓名用字的部首偏旁相同，并将此作为一种命名技巧来推广，如王玉、石袜、李季等，这种姓名的部首偏旁完全相同，就会使人产生一种单调之感，特别是在书写时。

◇ 忌读不雅的谐音

有些人的名字，表面上看非常高雅，但由于读起来会与另外一些不雅的词句声音相同或相似，很容易引起人们的嘲弄和戏谑。这种语词可分为两类：一是生活中某些熟语，一是贬义词。

◇ 忌过于时髦的字

在历史的某些阶段，总会涌现出一些极为时髦的字眼儿，如约翰、玛丽、莉萨、安娜等。如果命名时追逐这样的字，必然使人感到家长文化素质差，简直是俗不可耐，而且这样的名字也容易重复。同时，中国人还是不要起过于西化的名字。

◇ 忌过于夸赞的字

名字好听与否，不在于用词多么华美，而在于用词用得恰到好处。男孩取名应尽量避开一些过于生猛的字，如豪、强、炎、猛、闯、刚等。女孩取名时应尽量避开一些表面上明丽、俗艳的字眼。

◇ 忌大姓取简单名字

目前我国人名出现单名热，而单名最大的弊端就是造成大量的重名现象。当然。对于一个十几亿人口的大国来说，要完全避免重名是不可能的。"张王李赵遍地刘"，这样的姓氏如果再取单名，势必造成大量的重名。

◇ 其他需要忌讳的地方

名字的"禁区"有的是社会约定俗成的，有的则是字义的限制，有的从属于自身的社会观念和审美意识。除以上九种忌讳之外，还有其他一些取名需注意的地方，如：某些表示秽物和不洁的字一般不入名号；人体的部位器官名称不入名；某些令人恶心的动物的名称不宜入名；大部分金属元素名称不入名；文艺作品中一些典型人物的姓名也多为后人不取。

11. 为新生儿拜认的礼俗

所谓拜认礼，就是多数地方所称的拜干爹干妈的礼俗。干爹干妈也叫"保爹"，意即能保佑孩子的爹。

"拜干亲"是流行全国的一种保育习俗。在北方叫"认干爹、干妈"；在南方则称为"认寄父、寄母"，俗称"拜过房爷、过房娘"。**婴儿时期拜认的干亲可能是永久性的，终身保有这种关系，也有可能是临时性的，多则三五年，少则匆匆一晤，从此各不相干。**

古代的拜认干爹干妈礼俗，带有迷信成分。"拜干亲"的目的：一是怕孩子娇贵，不好养育，或是以前生子夭折，怕自己命中无子，借"拜干亲"消灾免祸，保住孩子；二是孩子命相不好，克父克母，借"拜干亲"来转移命相，以求上下和睦，家道昌盛。为了让孩子好养，"拜干亲"一般都喜欢认儿女较多或贫寒的人家做义父、义母。因为儿女多的人家，孩子就像成群的小动物一样，容易长大；另外，贫寒人家的小孩一般较多，又不娇贵，反而容易养活、长大。当然，也有两家为了增进彼此之间的感情，愿认对方儿女作义子、义女的事情。至于那些富翁显贵认坤伶、舞女做干女儿，则是别有用心，已不在我们讨论之列。"拜干亲"的习惯，因地域、民族和文化背景的不同，在礼节习俗方面也存在着较大的差异。

在北京，人们一般认为认干爹、干妈会对干爹、干妈自己亲生的子女不利，所以不是至亲好友，人们一般是不敢求其作为自己孩子的干爹、干妈的；而且拜干亲，双方要互送礼物，并摆酒席，以后每年三节两寿，干儿子、干女儿家都要给干爹、干妈送礼，做干爹、干妈的也要回赠礼物。所以，不是富厚之家也是难以应酬的。**既然要"拜干亲"，那么就得择一个吉日举行仪式。**届时，做父母的除了要准备丰盛的酒席外，还要替自己的孩子预备孝敬干爹、干妈的礼物。**这份礼物中，最重要的是送给干爹的帽子和送给干妈的鞋子，另外，还要配上衣料之类的物品。**

当然，干爹、干妈并不是只进不出。干爹、干妈送给干儿子、干女儿的东西一定要有饭碗、筷子和一把长命锁；另外，还要有一套小衣服，鞋袜、帽子、围嘴和兜肚等。过去，为了这些礼物，有钱的人家都是到首饰店去定做银碗银筷，或者到护国寺、白塔寺喇嘛那里去买木碗，以免小孩因失手而打碎。如果万一打碎碗的话，就被认为是很不吉利的事情。

"拜干亲"这种保育习俗，尽管在不同的地区、不同的民族有着不同的表现形式，但我们仍能从中找到一些共同之处，那就是：目的相同，都是为了让小孩好养和顺利成长；起因相似，都带有较为浓厚的迷信色彩；情感一致，都富有极为浓烈的人情味道。孩子拜一个合生辰八字的干妈也好养活（经常生病的）。建国后民间"拜干亲"的习俗实际上已经很松散，并不需要特别的仪式（不像江湖帮会歃血为盟），只需要简简单单的一捆猪脚和几束细面。

今日的认干爹，干妈已是旧瓶装新酒了，即抛弃了传统的信仰内容，是一种以增强两家友谊，让干爹妈协助孩子的爸妈共同教育培养好孩子的一种手段。还有的地方的拜寄礼已经演变为一种民间的文化娱乐活动。例如在广汉的房湖，现在的广汉公园所在地，这里长着十二棵高大的古柏，民间认为象征着十二属相，又象征着人丁兴旺、体魄健壮，是拉保保（即拜保爹）的好地方。

延伸阅读：

婴儿发育期的养护禁忌

婴儿初生，如果一切顺利，安定下来，接着便是婴儿的乳养和照顾了。在最初时期里，婴儿的发育和养护方面，也存在许多禁忌。因为这个时期里，婴儿的生命仍是很脆弱的，需要精心地照料，才能发育成长得好。这方面的禁忌，有如下一些。

◇ 乳儿忌

在哺乳婴儿方面，忌乳母在热、寒、怒、醉、房事时乳婴，以防婴儿受损。如果请别人乳己婴，应选身体健康，有福气的人家。忌用有狐臭、疥癣、癫痫等病的人作乳母，以免婴儿受感染患病。婴儿忌喂得太饱，防积食。据说乳儿太饱，会中脐风。

◇ 襁褓忌

襁褓是指包裹婴儿的布和被褥。一般忌新喜旧，主要是恐新布会损伤婴儿。又有人说最好是用高寿老人的旧裙袄做襁褓，可保婴儿长寿。襁褓又忌太厚，俗谓易使婴儿生疮，或说易令婴儿体弱畏寒。襁褓被婴儿的便溺弄脏，忌洗完后搭在高处晾晒，又忌夜晚不收回室内。否则，俗以为会遭鬼祟，伤害婴儿。

◇ 穿衣忌

婴儿降生一朝时，民间一般要给婴儿洗一次澡，俗称"洗三"。洗完澡后，可给小儿穿件小褂子，但忌讳穿裤子。

双生（双胞胎）婴儿，穿戴忌不一致。

◇ 饮食忌

婴儿忌食生硬、不好消化的食物。北方忌让婴儿吃大米饭、馍、油饼、青菜等，未满月时，只吃母乳，别的忌食。满月后，可喝稀粥、面汤、菜汤、肉汁等，忌食肉类、豆类食品。直到满周岁后，才能动荤腥。否则，认为婴儿会积食、生病。

◇ 洗浴忌

婴儿宜勤洗浴。否则，恐生疮等。用水要冷热适中，洗的时间不能过久。勤洗浴是好事，对婴儿健康有益。洗后扑粉，也可爽身。

洗婴水，尤其刚生下来头次洗婴水，忌讳乱泼，恐会亵渎神明。

◇ 惊吓忌

婴儿忌受到惊吓。婴儿初来世上，对一切均属首次感触，未免奇异惊觉，常常最易被"吓着"。所以产房内忌大声喧哗，忌器物碰撞，忌生人来往，忌灯光过强，忌冷热物触动婴儿，让婴儿先保持一个相对稳定的环境，等慢慢长大后再渐次扩大视野，接触更多的新鲜事物。如一旦婴儿被吓着，忌大人大声喊叫。俗以为可轻轻摸摸婴儿的耳朵垂，便能使婴儿安定恢复过来。

◇ 剃胎发忌

婴儿的胎发，一般要在百天日或满月时剃去。俗说，因胎发沾染有母体的血污及秽气，所以要在百天或满月孕妇出产房前剃掉，以免触犯神灵。有些地方，剃去胎发，还要用杏仁等物擦拭婴儿头皮，以避风邪，免生疮毒。

◇ 挠脚板忌

婴儿忌挠脚底板，俗以为挠婴儿脚底板会使其长大后没胆量，不敢过桥。实则，恐惊吓着婴儿。

◇ 见人忌

婴儿出生后，许多民族、许多地区有悬物忌门的习俗，其中的道理之一，就是忌讳婴儿见到生人。

◇ 见物忌

婴儿忌见生人，也忌见生物。云南佤族婴儿不满月，忌把老鼠、蚂蚱带到家里来。否则，婴儿见了身上会起疙瘩。基诺族婴儿满月时，猎物和瓜菜忌带进产房。直到太阳落山后，才能解除此类禁忌。否则对婴儿不利。

◇ 摇篮忌

汉族有忌摇空摇篮的习俗。否则，婴儿会爱哭，或将遭受不测。摇空摇篮又意味着失去了婴儿，大不吉利。

◇ 看戏忌

忌婴儿看布袋戏、傀儡戏。恐受冲害，或惧怕婴儿因此而身残体弱。

◇ 言语忌

汉族大部分地区都有忌言婴儿有病与否的习俗。说婴儿有病，固然犯忌，恐其真的病了，或者病会越来越重。

四、祝贺乔迁礼仪

人搬到好地方去住或官职高升谓之"乔迁",源自《诗·小雅·伐木》的"出自幽谷,迁于乔木",原指升迁,现在人们多用来指代迁入新居。久旱逢甘霖,他乡遇故知,洞房花烛夜,金榜题名时是人生四大喜事,除此之外,乔迁也算人生一件大的喜庆事了。所以每逢谁有乔迁之喜,其亲朋好友总免不了要前往祝贺一番。

1. 乔迁之前的礼仪准备

迁居之前的准备工作,主要是房屋装修、布置新居、选定日子和发送请柬等。

◇ 房屋装修

装修房子主要是美化房子内部墙面、地面以及对空间的使用进行科学安排,这是为了提高内部空间居住的环境质量。城市民购得新房后,一般是请专业队装修,有人在力求实用、美观和高档的原则下,房子装修和添置家具的费用比购房的费用少不了多少。农村装修房子的档次普遍赶不上城市,但农村却比城市重视新居的喜庆布置。在院门、大门、堂屋、神位、厨房等处张贴大红对联与横幅是必不可少的。有的还在门上贴"福"字,有的还有装饰匾额的习俗,即在大门门顶和厅堂正中或亭榭、墙壁上挂一块题字横牌,两边再挂上一副对联。

◇ 选定日子

人们乔迁新居,都要择个好日子。很多人挤在"二十八"(易发)日迁居志庆。农村有人还讲究选"黄道吉日",所谓"黄道吉日",原为天文学上的科学用语,后来给蒙上了一层迷信的色彩。现在一般通书上所写的某月某日宜乔迁之类的话,是没有科学根据的。我们提倡在时日信仰上百无禁忌，而在时间上可根据自己和来客的情况合理安排。

◇ 发送请柬

对于主人来说，如果想某人前来参加迁居庆贺酒宴，就必须发送请柬。**现在市场上有图文并茂、印制精美的请柬出售，买来后，只须在空字处填写必需的文字内容就可以了。**有些懂得电脑操作的则自己制作请柬。

2. 搬入新居的搬迁礼俗

搬迁，民间也叫搬家，是指从原宅搬至新宅的过程。搬迁礼俗各地都有，是一件很庄重的喜事，但也存在地方性差异。但以下几点是在搬迁过程中人们普遍注重的礼俗。

◇ 搬迁要选择吉日

搬迁时，旧居由主人送搬运东西的人，请一个福运好的人在新居迎接从旧居搬运来的东西。温州农村，进新宅要择时辰，放爆竹，并准备谷米一担、五谷种子五包、草席、算盘、秤等物。由全家人依序担携，列队绕屋一周。有的地方还赶着猪，牵着牛，一起参加仪式，表示迁新居后，人丁安康和五业兴旺。还有人带一把老屋的泥土，说是可治水土不服等。

◇ 搬迁要"过火"

搬迁中最为人们所注重的一桩事是"过火"，即是把火种从旧居移迁到新居。湖南城镇届时请亲朋出力，先行仪式，开始是从旧居用火盆或火炉带火种至新居，如果是在晚上，还要由人打着火把从旧居走到新居，不能让火种在迁移中熄灭。此外，建灶时，民间也有相应的庆贺往来礼仪及表达彼此喜悦之情的特殊的行为方式。

◇ 孕妇勿参与

民间忌孕妇参与搬家，说怕动了胎神，实际是保护孕妇的保护措施，以防劳累过度流产。还有搬家时不可生气，不可说不吉利的话，不可打碎碗盆镜子之类的物品，这不过是求个平安吉祥的征兆罢了。

◇ 摆贺酒

摆庆贺酒宴是搬迁礼俗的重点。城市中，庆祝迁居的宴会一般由搬入新居的夫妇或单身汉举办，其他人也可以举办以表示欢迎，酒宴一般是设在酒店。乡村庆贺酒宴一般是摆在自家新宅。有些地方摆宴席时要专门为建宅的工匠师傅摆席，叫"谢师酒"。坐在"谢师酒"席位上的工匠有木匠、铁匠、石匠、瓦匠、砌匠、漆匠，等等，坐最尊位子的是石匠。在某些农村，庆贺酒筵这天还有赞房仪式。所有参加酒筵的人不论是来客还是工匠都可以对新房进行赞颂、祝福，赞颂结束后，房主要给赞房人以喜钱。赞房词的内容极为丰富，从相宅到建房工艺、质量以及招财进宝等方面，都是赞颂的内容。

延伸阅读：

广东的传统礼俗

广东偏僻农村，搬家时仍行传统礼俗，有六样物品是必备先行的：一是米，用桶装至八分满；二是利（钱），放在米桶上面，示意有钱有粮；三是水；四是碗筷，放在水桶之中；五是火炉；六是畚箕一把，扫把一把，这是扫除污秽之物，除打扫新房外，还有扫除一切污泥浊水之意，图个吉利。至于前五样都是厨炊不可少的，所谓三军未到粮草先行。

3. 贺客祝贺乔迁之喜的礼俗

有人乔迁新居，其亲朋好友及相关的人们当要表示祝贺，祝贺的重要礼俗是送礼物。当代城乡间祝贺送礼有很多不同。

在城市，如果搬迁时未举行宴会，亲朋首次踏进主人的新居时习惯上是带一件礼物。如接到庆贺宴会的请柬，一般都会前去祝贺并送贺礼，一般是送礼金，将礼金装进从商店买来的红包封里，并在封包的封套上具名。也有人同主人联系，送尚未购置的家居日用品。有些人选择什么礼物则据新居情况而定，如是迁进大一点的房子还是小一点的，是新的还是旧的套房，主人是不是刚刚搬入一个新区，这是不是主人的第一个家，等等，都在考虑之列。为了表示隆重和礼貌，要在所赠送礼物上书写衔头、具名和写喜庆词语。如果赠送的礼物不止一件，还要附上礼单帖，写明礼物名称、数量并具名。礼物名称尽量用雅称。为亲朋乔迁送有象征意义的盆景、鲜花是近些年新兴的礼俗，一般是馈赠万年青、柏树、大小叶杨等长青树，以祝"四季常青"、"清吉平安"；花枝数以"八"为宜，寓意"新居新发"。

自古道：远亲不如近邻。对于新搬入的邻居，有些邻里用三明治、水果、冷饮之类搞个冷餐招待会以表示对新邻居的欢迎。有的则送新信箱、门环和门牌或垃圾筒，有的则送一些生活必需品如挂钩、灯泡、胶水、电线、手纸、笔和纸等。也有人送磨刀器、蜡烛、门前踏步垫、玩具、花园用具、剪刀、伞架、野餐用具、一套茶杯、门铃、浴室用品、枕头、烹饪书籍或为他们订阅室内装潢杂志和当地报纸等。

在农村，到吃乔迁新居的喜酒时，亲朋也要送一份礼物。礼物厚薄一般以与房主关系的亲疏而定。除了送礼金包，也送家电、被褥、餐具、桌椅、沙发、柜橱等家具和日用品，也有的是对联、贺匾、镜屏、字画、鞭炮等。**在选购礼物之前，越来越多的人重视事先了解一下主人的爱好和需要，使礼物能使主人喜爱而又适用，不致成为累赘。**礼物一般是早一些时候送到，让主人及时布置到新居里。

不论是城市还是乡村，有些人得知亲友的新居落成或者乔迁之喜，但因相距太远或其他原因而不能前去新居祝贺，一般会用贺函表达祝贺之情意。贺函可长可短，不拘形式，要旨是闻讯即发，以免错过时日。

4. 寓意吉福，温锅庆乔迁

这也就是我们常说的"温锅"。"温锅"是我国民间流传较广的一种习俗，在很多地方都流行，只是说法略有不同，如因地域不同又有"暖锅"、"温居"、"暖居"、"暖房"、"烧炕"、"添囤"的说法。具体地说，温锅是指自建新房落成或购买新房后乔迁，或兄弟婚后分家独立成户迁进新宅，亲朋好友、街坊邻居等携带礼品前去庆贺乔迁，主人设宴款待来贺者的习俗。**温锅中带着人们的美好祝愿，俗语说"温温过得红火"，意思是说乔迁新居温锅后新家沾了人气很快会温暖起来，充满了家的味道，日子会过得红红火火。**

温锅的起源与当时的生活水平低有关。以前，普通人家生活不富裕，盖房是一件大事，有些家庭几乎拿出了家里的全部积蓄。盖完新房后，很多人常常会出现经济拮据的状况。在此情况下，亲戚朋友、街坊四邻们会送来一些食物、礼品，帮着添置些家庭用具，以助他们度过困境。当然，主人要炒菜设宴做饭招待客人。由于迁入新居，锅灶当然是新的，同时也是凉的。这一炒菜做饭，锅灶就热起来了，所以叫"温锅"。**同时也寓意着这个新家从此步入正轨，红红火火地过日子了。**

平时走亲访友，所带物品多是食品之类。而温锅所带物品除此之外，还有许多生活用具、日常必需品，如山东一带温锅，亲友所送礼品花样繁多，有送鸡、鱼、肉、酒、面粉、大米等食物的，也有送钱的，还有送锅、碗、瓢、盆、壶等炊具及茶具等日常生活用具的，有的甚至连柴草、油盐都带来了，几乎无所不包。如果是婚后分家独立成户的，娘家会送锅、勺子等炊具以及粮食等，此外还会送豆芽、豆腐、公鸡、鲤鱼、发面食品、筷子、盆子等。当然，这是有其寓意的：豆芽代表生根发芽、生长的意思，表示从此家业扎根安定，生长壮大；豆腐是"都富"的谐音，表示与大家一样都发家致富；鸡代表着大吉大利；鱼谓年年富足有余；发面食品的意思是"蒸蒸发发"，象征着日子会发起来，越过越好；筷子的意思是"快快发家"；盆子的意思是"送聚宝盆"。有的地方温锅是送四样礼物：锅、馒头、苹果、火柴。锅是温锅的核心，居家过日子不能没有锅，为了让主人能有热乎乎的饭菜吃，锅是必须有的。馒头，取其"发"、"蒸"之意，表示生活会兴旺发达，好日子蒸蒸日上；苹果，取其谐音"平"，寓意乔迁新居后生活平平安安；火柴，寓意生活事业红红火火。有些地方的温锅则是送碗筷、粉条、鲜鱼，寓意喜迁新居的人家将来的日子过得和美长远、生活富足、年年有余。当然，钟表是不能送的，因为送钟谐音"送终"，很不吉利。

温锅与平时走亲访友相比，还有一个不同点。平时走亲访友，到了主人家里，一般就由主人忙活着招待了，温锅时则不是这样。**温锅那天，亲戚朋友大都自己带着已经加工了的成品或者半成品主副食以及各种有点讲究的蔬菜，如生菜、韭菜、豆腐等，寓意生财、久久发财及都有福。**到了主人家里，也无须主人动手，大家齐上阵，自己烹制饭菜，一会儿工夫，一桌酒席就做好了。这个大家一起动手的过程，充分体现了温锅的意义。因为刚到新家，主人也还理不清头绪。再说，搬家是一件很累人的事情，如果大家都等着主人招待，那不是更给主人家添乱吗？所以，温锅就考虑到了这一点。当然，现在有些人为了图省事，就直接到饭馆吃一顿。

> **礼仪提醒**
>
> 温锅其实也是一个崭新家庭生活的预演和检验。温锅之后，新家的头绪基本理清了，新房子也不再只是一栋建筑，而是成了一个设施齐全、充满幸福温暖的家，生活从此步入了正规。入住其间的男女老幼，也真正成了这个家的主人，开始了新的生活。

现在，温锅的习俗在各地依然存在。**其最初亲友互助的功能在逐渐淡化，增进亲朋感情，促进邻里之间和睦相处的功能逐渐显现出来。**它让人感受到了一种浓浓的亲情、友情、乡情和人情。

5. 家庭乔迁庆典的贺词礼仪

在家庭乔迁庆典上，无论是主人致辞，还是来宾致贺词，都要牢牢把握轻松、幽默的原则。家庭乔迁庆典通常邀请的都是主人的亲朋好友，大家既是为乔迁之喜而欢聚，也是为亲情、友情而欢聚，所以致辞者要用诙谐的讲话营造其乐融融的气氛，切莫使得发言生硬、无味。比如，一位主人在乔迁庆典上这样说："说句心里话，拥有一套称心如意的房子一直是我们全家人最大的愿望，如今，在各方面的大力支持下，我们终于如愿以偿，实现了这一梦想，此时此刻我们的心情，用宋丹丹的一句话来说——那是'相当'的激动……最后，请允许我再引用范伟的一句经典台词：谢谢啊，缘分哪！"这里套用两句流行的小品台词，引得众人捧腹，聚会气氛达到了高潮。

作为来宾，致贺词不要忘了对主人的新居赞扬一番，有句话说得好："在人世间所能听到的最动人的歌，就是从我们的嘴里发出的赞美的话语。"

◇ 主人的朋友致辞

尊敬的各位领导、各位来宾：

上午好！

今天，我们相聚在这里，共同庆祝×××先生乔迁新居的大喜事。大家都知道，人类赖以生存的四大要素是：衣、食、住、行。现在我们基本上过着衣食无忧的生活了，而对住和行的要求将会越来越高。×××通过不懈地努力和奋斗，不仅驾上了崭新的车，还住上了宽敞、舒适、明亮的大房子，应该说已经先期步入了小康生活，让我们大家对×氏全家表示祝贺，同时在这里也真诚地祝愿大家能通过辛勤努力，早日住上更大的新房子。

今天最幸福和快乐的应该是×××先生全家了。我目睹了他们全家从××宿舍迁至××，后来又搬到了××，今天搬到了令我们羡慕的××小区，这房子是越换越大，生活越来越美满！此时此刻，我想起了杜甫老人家的一句诗："安得广厦千万间，大庇天下寒士俱欢颜。"如果杜甫有灵，能看到今天这样一个场面，他一定不再因为茅屋被秋风所破而哀歌了。感谢时代，感谢党的富民政策！

×××先生为答谢多年来在生活、工作以及装修期间给予关心、支持和帮助的各位亲朋好友，特意准备了丰盛的酒菜，让我们饮尽这沉浸喜庆的酒，让我们喝出明天更美好的新生活！借此机会祝愿大家健康、快乐！

◇ 主人的侄子致辞

各位亲人，女士们、先生们：

中午好！

燕语华堂传喜讯，莺迁乔木报佳音。

今天是我伯父、伯母的乔迁之喜。首先，我代表家族所有成员对各位的到来表示热烈的欢迎，对各位敬备厚礼前来恭贺表示衷心的感谢。

一片彩霞迎旭日，满堂瑞气迁新居。

我的伯父、伯母白手起家，勤俭持家。为了建设自己美好的家园，他们像蜜蜂一样，一朵花一朵花地去采蜜；像燕雀一样，一根草一根草地往窝里衔，今天终于是落成了高楼，造就了大厦。这真是华堂耀日遂心愿，山欢水笑人精神。

在此，我代表全家人对伯父、伯母的乔迁之喜表示真诚的祝贺，祝贺他们，进吉宅一堂瑞气，入新居满座祥光。

为感谢各位大驾光临，×府特备粗茶淡饭，以飨各位。招待不周之处敬请海涵。下面我宣布，喜宴开始！

◇ 主人单位领导致辞

尊敬的各位来宾、各位亲朋好友：

金秋十月，丹桂飘香。在这个收获的季节里，今天，我们欢聚一堂，共同祝贺×××夫妇乔迁新居。承蒙各位来宾的深情厚谊。首先我代表××公司对××夫妇，表示最衷心的祝贺！

××虽然年纪轻轻，但一直兢兢业业，勤俭持家。而今事业有成，喜迁新居，在这里，我也要代表各位来宾，向他们夫妇乔迁新居表示衷心的祝贺！

各位来宾，女士们、先生们，让我们斟满酒，高举杯，共同祝福×氏家族四季平安，六六大顺，财源广进，事业有成！也祝贺各位来宾，财运亨通，家庭幸福，四季康宁！

◇ 主人致辞

女士们、先生们：

晚上好！

首先，我要代表我的家人，对各位的光临表示由衷的感谢！谢谢你们。

俗话说，人逢喜事精神爽。本人目前就沉浸在这乔迁之喜中。以前，由于心居寒舍，身处陋室，实在是不敢言酒。更不敢邀朋友以畅饮。因那寒舍太寒酸了，怕朋友们误解主人待客不诚；那陋室太简陋了，真怕委屈了尊贵的嘉宾。

今天不同了，因为今天我已经有了一个能真正称得上是"家"的家了。这个家虽然谈不上富丽堂皇，但也不失舒适与温馨。更重要的是有了这样一个恬静、明亮、舒适、温馨的家，能不高兴吗，心情能不舒畅吗？

所以，我特意备下这席美酒，就是要把我乔迁的喜气与大家分享，更要借这席美酒为同事、朋友对我乔迁的祝贺表示最真诚的谢意，还要借这席美酒，祝各位生活美满、工作顺利、前程似锦！

在这个吉祥的日子里，我提议，请大家斟满酒，举起杯。

为了我们每一位嘉宾都有一个温馨而又浪漫的家，为了我们的明天更美好，为了我们的祖国繁荣昌盛——干杯！

延伸阅读：

乔迁贺词佳句欣赏

乔迁大喜，愿你：宏图大展兴隆宅，泰云常临富裕家。

喜到门前，清风明月；福临宅地，积玉堆金。

新家好生活，真心老朋友，祝贺你乔迁之喜！

阳光明媚，东风送情，喜迁新居，德昭邻壑，才震四方！

莺迁仁里，燕贺德邻，恭贺迁居之喜，室染秋香之气！

搬新家，好运到，入金窝，福星照，事事顺，心情好，人平安，成天笑，日子美，少烦恼，体健康，乐逍遥，朋友情，忘不了，祝福你，幸福绕。

迁入新宅吉祥如意，搬进高楼福寿安康。乔迁喜天地人共喜，新居荣福禄寿全荣。

吉日迁居万事如意，良辰安宅百年遂心。

燕报重门喜，莺歌大地春；旭日临门早，春风及第先。

喜迁新居喜洋洋，福星高照福满堂。客厅盛满平安，卧室装满健康，厨房充满美好，阳台洒满好运，就连卫生间也是财气逼人。恭贺乔迁新居！

迁宅吉祥日，安居大有年，恭祝乔迁之喜！

6. 乔迁之喜贺幛的规范格式

当亲友新居落成、乔迁之喜时，人们为了表示祝贺，通常会赠送喜幛或镜屏。喜幛和镜屏在形式上有横式和竖式两种，在内容上除写上下款外，喜幛上都要题词，而镜屏可不题词，有的镜屏在制作时四周已绘有花鸟图案，中间题有祝词，只要选购适宜就行了。**有的中间没有祝词，这就需要根据不同的祝贺对象和用途自行题写了。**

下面选取了一些常用的贺幛与镜屏用语（也可作为建屋迁居联横批）。

瑞气云集	长发其祥	华屋增辉	人勤家兴	家和人乐
万事胜意	满院春光	吉星拱照	向阳门第	本固枝荣
紫气东来	人杰地灵	富贵花开	燕贺新居	天宝呈祥
春光永驻	安居乐业	喜气盈门	喜庆乔迁	物华天宝

7. 乔迁之喜喜联的规范格式

人们在祝贺别人的乔迁中，常运用对联的形式来表达喜庆之意。我国农村当新造的房屋上梁之时，亲友们就前来祝贺，除送礼物，有的还送贺联。房屋建成或迁居时，主人更喜欢在大门、厅堂、书斋等处张贴对联，其中就有不少是亲友送来的贺联。

目前从总体讲，农村对联的制作质量不高，我们建议应让新居张贴的对联尽可能地质量高一点，保留时间长一些。这里着重介绍一些乔迁新联，以供需用者参考或选择。

◇ 通用联

德贤安且吉	茂林莺语闹	甲第新开美景
和善寿而康	新屋燕声喧	子孙大展鸿图
吉日降宏福	新春迁新宅	人杰地灵有福
利时皇嘉祥	福地启福门	物华天宝呈祥

吉星高照福安地　　旭日乍临家室乐　　一片彩霞迎旭日
盛世促成和睦家　　和风初度物华新　　满屋春讯庆新居

飞梁跨阁神仙居　　祥云环绕新门第　　日丽风和锦铺院
钟鸣鼎食百姓家　　红日光临喜人家　　冬暖夏爽笑满堂

莺迁华屋春日照　　乔迁美厅步步起　　日照新居添锦绣
燕贺雅宝福星明　　喜居层楼阶阶升　　花栽院圃吐芬芳

新地新居新气象　　喜建华堂春风入座
好山好水好风光　　乔迁新屋佳客盈门

大哉居乎移气移体　　砌铜墙粉铁壁　　华居添彩
慎其独也润屋润身　　上金梁竖玉柱　　庭宇生辉

紫阁祥云物华天宝　　何须玉宇琼楼方称佳构
朱轩瑞气人杰地灵　　即此华堂静室亦足安居

乔木好音多远闻莺迁金谷　　晓祥云绕吉宅家承沾世添福址
上林春色早近看花报玉堂　　开瑞霭盈芳庭人值半年增寿康

斗室前朝笔架高峰　　地势钟灵预卜财源广进
新居后倚文头大岭　　天然毓秀定占瑞气长来

◇ 迁居横批

瑞霭盈轩　　如意吉祥　　日新月异　　德必有邻　　家居福地
莺迁仁里　　新居大吉　　喜气盈门　　宅院福地　　春光满室

紫阳高照　　合家欢庆　　安居乐业　　入宅大吉　　家有仁风
户纳千祥　　栋宇辉煌　　新居焕彩　　乔迁志禧　　天地同春

天宝呈祥　　富贵常临　　华堂生辉　　燕贺新居　　诗礼传家
乐驻新居　　碧宇光辉　　华屋载恩　　紫气东来　　风和新居

四季平安　　祥光拂拂　　门迎百福　　百世其昌　　长岁其祥

◇ 大门联

华屋辉生	壁旭闪千	门启门对	千山秀瑞	口开昌运
春山绿到	门祥辉四	望新心怀	万木存春	风酿太和

门户有福	家传美德	山河壮丽	书香门第	诗书门第
江山多娇	世继家风	家室雍和	礼乐人家	陶淑人家

和睦聚祥	致富小院	栽花香四季	平安即是家门福
忠厚多福	永安大门	结彩喜全家	孝友可为子弟风

近贤门之居容光必照门　　对青山龙翔凤舞从天降
遵海滨而处明德惟馨户　　迎绿水鱼跃鸟飞白地生

◇ 堂屋联

梅香入梦	名昭图史	四时佳景	庭荣松柏	萱庭口永
竹影横窗	言炳丹青	满座高朋	阶茂芝兰	兰室春和

一轮明月	惠风和畅	春移眼底	以文会友	笃礼崇义
四壁清风	化口舒长	月在堂前	以德为邻	抱淑守真

天长落日	远溪声来	枕上无私	德乃大倚	栏吟夜月
意理泰山	轻山翠落	樽前不欺	心白安卷	帘挹春风

门墙多古意	斗室乾坤大	地静人都逸	诗写梅花月
家业重儒风	存心天地宽	山占花欲然	茶煎谷雨声

有猷有为有守	虚心莫过竹节雅言	诗书执礼
立德立功立言	人品应如兰馨益友	直谅多闻

庭园花香鸟语	铁石梅花气概	竹雨松风梧月
楼台月满云开	山川香草风流	茶烟琴韵书声

日映芝兰长焕彩	泽以长流乃远及
天开奎壁近增辉	山因直上而成高

良友远来异书新得	静以修身俭以养德
好花半放美酒微醺	入则笃行出则友贤

知多世事胸襟阔　文雅外炳清明内照
阅尽人情眼界宽　烟霞用足江海情多

室有余香　谢草郑兰燕桂树　世事如棋让一着不为亏我
家无长物　唐诗晋字汉文章　心田似海纳百川方见客人

世事每从宽处乐　勿施小惠伤大体
人伦常在自忍中　莫以公道徇私情

创业艰辛守节俭　春入厅堂添喜色
事成不易戒奢华　花飞书案有清香

◇ 书房联

书山觅宝　诗情画意友天下士　松风煮茗学如烟海
学海泛舟　琴韵书声读古人书　竹雨谈诗书似云山

守身若玉　竹无俗韵　书林漫步　书画益寿隶宗秦汉
惜墨如金　梅有奇香　学海熬游　金石延年楷法晋唐

墨龙神飞　意书镜照　千古雅琴　飞白雪吐　言贵珠玉
书乐雅趣　情笔花开　四时高论　横青云落　笔回风霜

竹露松风蕉叶雨　经国有才皆百炼斗酒纵观廿一史
茶烟琴韵读书声　著书无字不千秋炉香静对十三经

笔架山高虹气现　好书不厌看还读诗书于载经纶事
砚池水满墨花香　益友何妨去复来松竹四时潇洒心

四坐春风霭如瑞王　室有余香　谢草郑兰燕桂树
一樽秋月淡比晴川　家无长物　唐诗宋词汉文章

闭户自精开卷有益　为学在进行不为中途所阻
垂露在手清风人怀　读书皆有用要凭全力以求

翰墨图书皆成风彩
往来淡笔尽是鸿儒

◇ 客房联

修身岂为名　传世能受苦　方为志士
作事惟思利　及人肯吃亏　不是痴人

◇ 房门联

鸡催万里晓春晚　绿野秀谷静泉逾响　大地到处绿
眷启千家门岩高　白云流山深日易斜　农家满堂红

云山风度丹凤迎　旭山花烂漫白云怡意翩如惊凤
松柏精神黄莺唱　春翠鸟啼鸣清泉洗心矫若游龙

鹏程万里前程远　顶风傲雪苍松劲　绿柳枝头浓吉雨
虎震群山雄风光　沐雨经风翠柏葱　熬背座上吐祥云

翠柏苍松装点神州　千岭绿鹤语记烟霞　寿星门第春长驻
朝霞夕照染就江山　万年红松龄留岁月　福地人家庆有余

◇ 厨房联

厨里菜肴皆可口　一粥一饭需珍惜　柴米油盐品不少
房中食品尽芬芳　寸木寸薪当节约　甜香酸辣味俱全

◇ 亭园联

清风两窗竹　绿沼看鱼乐　静时疑水近层轩静华月
明月一池莲　青云羡鸟飞　高处见山多修竹引蕙风

芳草斜阳外　素艳雪凝树　柳占三春色　楼近沧海月
落花流水间　清香风满枝　荷香四座风　窗落敬亭云

更无俗物当人眼　月门含笑迎游客　奇石尽合千古秀
但有朱六洗我心　池水溅花破霞云　异花长占四时春

树影不随明月来　别墅风光影无限　梨花院落溶溶月
荷香时与好风来　幽斋岁月日常新　柳絮池塘淡淡风

芳草春深从此　兰生蕙长有月即登台　无论春秋冬夏
玉阶山立十分　竹瘦松坚是风皆入座　不分南北东西

◇ 新居大门横额

致远祥晖	瑞轩瑞霭	凝瑞聚馨
万轩丰裕	久远霁韵	庆泰书馥
永乐霁晴	贵宁佳颂	雅逸积贤
恒昌茂丰	康宁景盛	彤云笃厚
泰瑞腾达	悠恒集祥	晴岚毓秀
韶锦鸿业	臻荣鸿益	鸿霖嘉风
嘉和望福	博远熙瑞	惠德盈瑞
福林居富	春轩五福	轩恒昌居梅馨斋
永福居怀	德轩步云	界怡兴宅听泉韵
濯锦秋抱	福庐得贵	庐乐满居洁雅迪
畅春苑和	致祥迎祥	居宇晴庐丰赢居
丰昌寓瞻	志楼紫光	轩紫云苑裕丰宅
吉迪惠崇	德居富吉	迪崇德轩映瑞堂
寿源宅云	逸宅福庆	轩蕴智居关裕康
德和聚竹	韵轩丽云	阁滋盛宅萃茂芳
凝紫苑福	韵楼如意	轩顺德居兆祥居
蕴福轩撷	秀居得月	屏追怀轩
明德轩清	风轩悠远	宅留春寓

美满全荣	佳融瑞昶	鸿鹄凌云	昌吉升和	岚气春晖
惠蕴久昌	星耀旭昶	妙香雅直	畅春盈泰	捷步高楼
万福骈臻	积秀凝瑞	浩途翰志	集福凝瑞	晴流杰地
云岚福气	光风霁月	集庆揽胜	康宁裕逸	紫气东来
呈瑞焕彩	春光永驻	碧宇生辉	德风惠露	景福来骈
丰域永锡	贤德瑞昌	怡和发祥	骥步致远	祥霭盈庭

风月无边　雅韵逸风　富吉安康　穆和嘉风　荟吉萃祥

永绥百福　和气致祥　梅韵书香　瑞霭盈轩

◇ 建房、迁居横额

美奂美轮　华堂焕彩　千秋大业　春驻新居　祥光拂栋

上梁大吉　康宁福地　堂构落成　否极泰来　竹苞松茂

华厅咸宁　大吉大利　栋宇重光　堂开燕禧　新基奠定

福星高照　吉日良辰　华构吉庆　龙江燕嘉

◇ 春季迁居联

佳地春风暖　户外春风暖　仁风春日照　新春迁新宅

新居燕语喧　堂前午日长　德泽福星明　福地启福门

堂开瑞日金莺啭　燕喜新居眷正暖　檐前柳色分外绿

帘卷春风玉燕来　莺迁乔木日初长　窗外花枝借助春

春光人户福临吉地　莺迁乔木燕贺新禧云霞呈秀

燕语垂帘春满华堂　燕舞春风莺歌阳春梅柳生辉

燕喜新居迎得春风栽玉树　新宅门前一片艳阳芳草地

莺迁乔木蔚成大器建家园　主人眼下十分春色杏花天

◇ 夏季迁居联

千祥云集院前　蕉叶翠雨洗宅　得润堂前蕉叶翠

百禄并臻窗下　牡丹红霞飞门　呈祥阶下榴花红

营迁乔木青峰　对我帘卷杨柳谱　荷开五福宅

莺人高楼绿水　环居廊题桑榆诗　鹊贺七夕桥

夏屋新迁莺出谷　门对青山千古秀　槐花落处生瑞气

华堂彩焕凤栖梧　户迎绿水万年新　阳雀啼时人新居

华堂昼永书香满　珠帘暮卷西山雨　第喜适迁新气象

乔木夜深蛙鼓多　画栋朝飞南浦云　换门不改旧家风

◇ 秋季迁居联

自喜门窗无俗韵	莺迁乔本松流韵	居之安四时吉庆
亦知草本有真香	月洗高秋桂吐香	平为福八节康宁

门含紫气	雁鸣秋色	菊开五福宅	明月一轮满
室染秋香	凤栖高梧	霜染一叶秋	德门四邻和

中秋明月拂碧宇	月满一轮辉宇宙	黄菊移来三径好
当院紫薇绕朱轩	菊香千里到门庭	绿杨分作两家春

◇ 冬季迁居联

岁寒三友添新色	三阴日照平安地	冬令如春江山吐秀
春气满堂聚德光	五福星临吉庆门	生财有道栋宇增辉

春讯悄入户	门庭多喜气	松茂竹苞秀	燕来千里暖
金鸡早叩门	家室驻早春	壮馨桂馥香	梅放一门春

一代祥光辉吉宅	松茂竹苞及时而秀	门对青山庭铺瑞雪
四山旺气聚重门	兰馨桂馥迁地为良	屋临绿水窗横腊梅

五、祝贺升学、出国留学礼仪

1. 升学谢师庆贺要讲礼仪

现在的"升学礼"又叫"谢师礼",多为高中毕业生考入大学时在入读前夕举办。因为青年步入大学被视为人生的一个转折,故家人和亲友要庆贺一番。同时,借此机会酬谢恩师,以弘扬尊师重教的传统美德,故又称为谢师宴。**大学生考研、出国留学、入伍当兵以及考公务员被录取也有办酒宴庆贺的,皆可纳入此类礼仪。**

升学礼仪一般都比较简单,仅在家里或者酒店举行酒宴而已。过去也发请束，现在可发也可不发，但请老师、长辈、领导要登门相请，其他亲友电话通知即可。具体而言，一场正式的升学宴包括以下应注意的方面。

◇ 安席告座辞

尊敬的各位老师和亲戚朋友：

大家好！蓬门××夫妇之小子（女）××荣登学府，承蒙隆仪赐贺，深表感谢。今备粗肴淡酒，招待不周，敬请海涵，满堂尊坐。

◇ 主持人开场白

尊敬的各位领导、各位老师，先生、女士们：

大家好！今天是×府公子××（千金××）的升学喜宴，首先让我代表××酒店表示最热烈的祝贺他们，祝贺学子前程远大，更上一层楼。对大家的光临表示热烈的欢迎。现在，有请主家××先生致答谢词，大家欢迎。

◇ 主人答谢辞

尊敬的各位老师、亲朋好友：

大家好！今天是我小儿××荣登××学府喜庆之日，请让我代表全家向全体来宾表示衷心的崇敬和感谢！（礼）。常言道："春雨润桃李，丹心育英才。"我要特别感谢呕心沥血的老师，感谢各位亲朋好友的关怀厚爱，感谢我的妻子的精心呵护。我希望小儿把考上××大学当作万里长征的第一步，要继续深造，敢于攀登，做出成绩，报答群情师恩。最后祝各位诸事顺意，身心愉快！谢谢大家。

延伸阅读：

金榜题名

旧时选拔人才实行科举制度，须经过乡试、会试、郡试、殿试等程序，淘劣取优，获得秀才、举人、贡士、进士资格，再角逐探花、榜眼、状元，中状元者号称"大魁天下"，这是科名中的最高名誉，被称为"金榜题名"，并有"洞房花烛夜，金榜题名时"之说。唐朝时，每逢朝廷举办科举考试，各地的秀才们便赶往长安。几天后由皇帝御批发榜，榜文题头用金色字，故称"金榜"。发榜那天，参加应试的秀才都挤着去看榜，凡中了进士的，便凑钱一同来到当时长安城景致最好的曲江池畔，举行"同年"大会。同时，当朝天子也会御驾来到曲江池的紫云楼，为新科进士们赐宴。教坊里的名妓、名乐师等也前来表演以示庆贺。唐代新科进士之所以吃香，是因为进士非常难考。每次开科考试，全国各地报名应试的秀才都达数十万人，而经过乡试、会试，最后录取的进士不过几百人，因此，考上的也就显得特别"金贵"，所以在新科进士举行"同年"大会这天，城里的丽女美人，倾城出动，涌向曲江池边，自寻意中人。如果相中了，再要父母找个媒人去提亲，而且大多是当即举行婚礼。王公勋贵以及一般官僚，则借机在新科进士中为女儿挑选如意郎君，也同样是当即拜堂，被称为"洞房花烛"。作为一国之君的皇帝，也忘不了利用向新科进士赐宴之机为自己的女儿挑选驸马。不过，皇帝女儿挑选的一般都是进士群中的第一名——状元郎。

可见，由于众多的新科进士大多都会被人选为女婿，"金榜题名"与"洞房花烛"也就紧密相联了。如果榜上有名，不仅要打马游街，而且要大庆大贺一番。辛亥革命后，废除了科举制，引进西方教育方式，但升学之礼一直沿袭下来。

2. 庆贺升学通用的对联

中华多灵秀智慧源于勤奋
广厦有栋梁伟大出自平凡

十年美誉凭苦干十年寒窗砺远志
万里鹏程在读书数度春秋奋鹏程

书山有路勤为径读书才恨知识浅
学海无涯苦作舟观海方知天地宽

知识无涯须勤学博学深思增智慧
青春有限贵惜阴更新除旧见精神

学府研读兴国卷纸上读来终觉浅
栋梁擎立科技天心中悟出始知深

攻千重关心怀天下
读万卷书志在四方

学如逆水行舟不进则退
心似平原走马易放难收

古往今来，成功都伴专心取
天南地北，梅蕊俱迎积雪开

莫做盆中小景，只在斗室吐芳艳
应学山中劲松，傲对风雪显英姿

3. 庆祝升学表达心意的佳句

通过刻苦的学习，考取自己理想的学校，有些人顺利跨过，而更多人则望尘莫及。然而，你通过自己的努力圆了自己的学业之梦，特向你表示祝贺！

祝贺你考取了自己理想的大学，那段艰苦奋斗、刻苦学习的日子可以暂画一个句号了，这段日子，让自己干自愿事，吃顺口饭，听轻松话，睡安心觉吧！

社会是一部书，你要刻苦地去攻读，理会它的深意，再去续写它的新篇章。

天空吸引你展翅飞翔，海洋召唤你扬帆起航，高山激励你奋勇攀登，平原等待你信马由缰……出发吧，愿你前程无量！

有人说："人人都可以成为自己的幸运的建筑师。"愿你在走向新生活的道路上，用自己的双手建造幸运的大厦。

你珍惜今天，又以百倍的热情去拥抱明天，那么，未来就一定属于你！

十几载寒窗使她的身姿更加挺拔，丰富的知识使她的目光更加睿智，前行的岁月使她的容颜更加娇美，求学的道路使她的身影更加昂扬。不懈的努力将使她的前途更加光明！

4. 庆贺出国留学的对联

士所尚在志，行远登高，万里鹏程关学问
业必精于勤，博闻强识，三余蛾术惜光阴

乘风破浪，飞渡关山，看落落男儿鹰扬北美
竭虑潜心，钻研学问，愿堂堂中国雄峙东方

远必自迩，高必自卑，为学在进行，不为中道所阻
德成而上，艺成而下，读书皆有用，要凭全力以求

攀不尽叠叠科学高峰，览不完滚滚历史长河，
回首工余饭后，雏凤新飞，涉水跋山酬壮志
问谁像苏秦引锥刺股，看谁向王勃登阁赋诗，
追忆月下灯前，潜龙奋起，呕心沥血步蟾宫

5. 贺电庆祝的礼仪要求

远方的亲朋如不能当面表示祝贺，不能亲身参加庆贺仪式，则发贺电、写贺信。

如写信人与受信人情谊属一般，信可写得简短，类似贺帖；如果两者关系密切，应写得真情流露，充满与人分享快乐的情感。给出国留学者写贺信时，除了表示祝贺、勉励之外，还应表示思念之情。

六、祝贺升职（迁）礼仪

1. 职务升迁的贺辞礼仪

当代职务升迁是指上级任命由下一级的职务提升为上一级的职务，也包括在民主选举中的当选人，在竞争上岗中获得的升迁职位等。现当代的职务升迁与旧时的升官发财已有本质的不同，现当代的职务升迁是个人工作成绩的标志，是过去政绩的肯定，对个人来说虽也是一桩喜事，同时也意味着加重了肩上的担子和身上的责任。因此，至亲好友也给予庆贺，在庆贺时给以关切勉励之情；也有远地的亲朋发贺电，老朋友之间写类似贺信的书信；也有人送贺诗，送有题词的条幅、镜屏、题画、题照之类的贺喜礼物等。另外，由于中外合资企业、公司，大陆与港、台、澳合资企业、公司的兴起，遇到一方主要负责人升任、出任这类情况时，对方也发信、发电表示祝贺。**健康的职务升迁喜庆礼俗至今仍是有积极意义的**。尤其是写条幅、贺屏等祝贺语时，要格外注重一些基本礼仪和文化内涵。下面列举一些有文化含量的贺信、联语和诗词等。

自治之光　民主之光　光大宪政　为民造福　众望所归

为民前锋　为民喉舌　造福桑梓　弘扬法治　辅政导民

人自玉堂来，吏亦称仙原不俗　神从金马至，民能使富莫忧贫

诗堪入画方称妙　官到能贫乃是清

立身自有凌云志　报国殷期倚奇才

为民口舌披肝胆，服务人群任怨劳

秉正匡时一砥柱，自强不息静波涛

2. 亲朋好友的庆贺礼数

职务升迁往往代表着对一个人工作业绩的肯定，二者是分不开的。亲友、恋人、同学、同事得知升迁喜讯，会适时表示祝贺，取得业绩者也会表示答谢，共同分享喜悦。而在工作业绩方面的喜事需行庆贺的一般有这样几种：一是一个人在工作中获得了更高一级的职称（即任职资格）；二是工作取得成绩而获得表彰，评比获得奖励，竞赛赢得名次，申请获得了专利，发表了作品等；三是一个人长期致力于某一事业或从事某一工作，且成就显著。

工作业绩方面的庆贺礼俗，对受贺者是一种鼓励和鞭策，也能增进相互之间的情谊，是很有意义的。

庆贺在至亲好友中进行，则比较简单。一般是亲朋得知喜讯后，或当面祝贺，或打电话祝贺，或写贺信或通过电子邮件发贺信，或通过邮局发贺电。受贺者如想设宴庆贺，就送请柬、打电话或信函通知受邀请的人。

3. 单位组织的庆祝会礼仪程序

开庆祝会庆贺，是在工作中取得了突出成绩，职务得到升迁，无论对集体还是个人都是一件喜事，而开庆祝会恰恰能激发其他工作人员，卫守本职、努力工作。有激励进取的积极作用。因而对这样一些喜事，一些单位往往由组织或群众团体出面举行纪念集会或表彰仪式，予以庆祝。

正式庆祝会开始之前有以下几项准备工作需要进行。

一是，庆祝会议的会议主持人都要在会前发送请柬，请柬要书写明了规范，突出喜庆的特色。

二是，召开庆祝会要布置会场。**会场布置总的要求是体现出一种喜庆、庄严、隆重和热烈的气氛。**在会场可张贴一些宣传标语，可设置鲜花若干盆，主席台上方应设会标，如"庆祝×工作取得重大成绩"。

庆祝会的程序会因会议内容不同而有别，但一般是大同小异。通常程序如下。

一是由主持人宣布会议开始。

二是按职务大小、次序，介绍主席台上就座的领导人。

三是请上级领导人讲话。

四是请单位领导人讲话。

五是颁发奖品。

六是宣读贺电、贺信。

七是受奖人讲话。

八是宣布会议结束。

4. 庆贺建功立业的贺词礼仪

贺词通常在庆祝仪式上宣读，也有的在报刊上发表。贺词的内容会因祝贺内容的不同而异。以从事某一事业或工作多年且功勋卓著的从业纪念贺词为例，它通常包括如下内容。

◇ 评价

对受贺者的事业成就、道德人格、地位影响，作全面、充分、公允的评价，热情地表示致贺者的崇敬。

◇ 强调贡献

回顾受贺者从事某项研究以来所走过的历程，强调在各个典型的历史时期卓越的表现，以体现其锲而不舍、奋进不懈的事迹与精神。

◇ 成功原因

阐明受贺者取得成就的原因和经验，对致贺者的帮助及对后人的启迪。

◇ 深远意义

结合当前形势，阐述所举行的从业纪念活动的深远意义。

◇ 感怀自励

向受贺者致以祝愿和期望，或表示向受贺者学习的决心。

5. 庆贺建功立业的贺函礼仪

贺函是致贺者在不能亲身参加庆祝会的情形下向受贺者表示祝贺的函件。贺电是致贺者在不能亲身参加庆祝会的情形下向受贺者发出的电文。**内容相当于简化的贺函，以礼仪性为主，并多具有公开宣读的性质。**

贺函可分为公开信和私人信件两种基本类型。

◇ 公开信

委托出席者在纪念仪式上宣读，因作为活动程式的组成部分，故要求及时；这类贺函在性质上与贺词相同。

◇ 私人信件

私人信件，内容多具礼仪性，能达到申贺的效果即可，对受贺者的经历、功绩，不必作过全、过细的评述，时效上也不限于定在纪念活动前寄达。但有的贺信也应写得认真，除了肯定受贺者所取得的成绩及其意义，向取得成绩者表示祝愿，还重点要谈致贺者的内心感受；向取得成绩者提出中肯的建议或希望。

礼仪提醒

心理学家马斯洛认为，成功者"关心成功对他人的影响甚于本身的受益"。因此对贺信来说，这些内容十分重要，它能使受贺者感到自己的成功真正获得了他人的理解。

6. 庆贺建功立业的题词礼仪

庆贺工作业绩方面的题词，是以简洁、警策的语句，表达对祝赞对象的称颂、祝愿，或对其所从事的事业进行回顾、展望等。

江泽民同志为孙道临从影四十五周年题词：

孜孜不倦光彩照人

贺政界有贡献人士通用题词：

政通人和为国为民丰功伟绩功在桑梓公正廉明

万众共钦口碑载道造福群体政绩斐然德政可风

7. 庆贺建功立业的贺联礼仪

在庆贺文书中，民间运用较广泛的是贺联，贺联既可送给受贺者，也可张贴于庆祝会会场。内容以切合受贺者的经历、业务、特长者为胜。这里举些例子供参考。

◇ 各行业耄耋精英通用贺联

医国医人同兹医意　寿民寿世亦以寿身

立节可为千载道　成文自是一家言

测黄道白道赤道，求知明道，赞钰老步人间正道

探行星彗星恒星，戴月披星，愿哲翁成百岁寿星

◇ 庆功贺联

美酒敬模范　红花献英雄

雄关似铁天天越　捷报如潮日日来

英雄辈出似长江奔涌　功业盖世如昆仑巍峨

共庆丰功频酌酒　成歌盛世迭吟诗

◇ 当选劳模贺联

一代劳模兴伟业　九州俊彦赞新风

劳动辛勤称典范　红花常艳伴英雄

◇ 折桂贺联

闻胜无骄诚勇士　有功不恃信良才

十年寒窗功肇始　百年大计业初成

七、 建房庆典礼仪

人的基本生活需求不外乎衣、食、住、行四类，其中"住"在人们的心目中十分重要，在中国的大部分农村，建房是件大事，它有一种奠定基业的作用。因此，房屋的营造历来都是人们十分重视的大事，从选址、选材、选日，到动土、上梁、落成直至迁居。几乎每一个环节都被人们视为喜庆的日子，都有一套庆贺的仪式。

1. 选择房址的相宅礼仪

相宅，就是选择房址。相宅习俗属于风水术中的阳宅风水术。我国传统的风水理论在数千年的传承中也继承了注重实践的传统，这里介绍一些仍在民间传承的具有科学意义的风水勘测方面的最一般性原则。

◇ 整体系统原则

肇始于远古的易经八卦集中地体现了整体系统的哲学思想，这种思想也被风水学说所运用。风水学说充分注意环境的整体性。

◇ 依山傍水原则

依山傍水是风水学最基本的原则之一。依山傍水原则也是民间常说的要选择"左青龙，右白虎，前朱雀，后玄武""宁可青龙高万丈，不可白虎抬起头"那样的山形。"玄武"代表后高山，"青龙""白虎"代表左右两侧的次山，"朱雀"代表流水。

◇ 坐北朝南原则

这是风水术中的"立向"原则，"立向"即房屋建筑的坐向。立向强调坐北朝南，是因为坐北朝南可使建筑物获得最充足的光照，同时，又可避免冬季寒冷的北风侵扰。民间有"坐北朝南屋，住着好享福"、"屋朝南，人朝阳"、"坐北朝南，冬暖夏凉"等谚语。可见民间对这一原则十分重视。

◇　地质检验原则

旧时有的风水师在相地时，亲临现场，用手研磨，用嘴尝泥土，甚至挖土井察看深土层、水质，俯身贴耳聆听地下水的流向及声音，这实际上是凭经验对地质进行检验。

◇　水质分析原则

旧时的水质分析叫做"辨水"。**因为水质有优劣，不同地域的水分中含有不同的微量元素及化合物质，有些可以致病，有些可以治病，所以要辨别水质。**怎样辨别水质呢？古人积累了很丰富的经验。很早的《管子·地员》就认为：土质决定水质，从水的颜色判断水的质量，水白而甘，水黄而粮，水黑而苦。现在已借助当代化学检验分析水质了，既可化验出对人体有益的矿泉水，也可化验出能杀害生物的含有巨毒物质的恶质水。当代建房对水质非常讲究，表明人们越来越科学地认识到水质对人体健康的重要性。

◇　重视大门的立向

大门，就是中堂门。**它是内外空间分隔的重要标志，是迈入室内的第一屏障和关口，所以风水师历来就重视大门的立向。**民间一般立门于南、东南及东三方，俗谓"三吉方"，以东南为最佳，俗称"青龙门"。对照传统民居的大门位置，多与此说相合。

礼仪提醒

建房首先要择地。过去十分讲究，要请风水先生按四时八运生辰八字来判定方位、地点和修筑日期。大多在春季大地解冻后、雨水尚少、农事不忙时动工。如果风水先生测定动土方向正是太岁所在方位，便要风水先生算一个太岁出游日来"偷修"或等来年再建。假如按命相算只能盖南房，就不能盖正房。否则容易招灾惹祸，这种迷信，现在正在逐渐打破。

2. 建房动工前的奠基仪式

奠基也就是打地基，民间俗称"打夯"、"打硪"等。现今奠基主要有单位、团体性的和个人性的两种类型，单位建房与个人建房的奠基仪式还是有所不同的。各自具体程序有以下几点。

◇ 单位奠基

单位较少或完全摒弃了封建迷信的成分，显得隆重、热烈、文明。其奠基仪式包含以下程序。

①选择一个喜庆日子。大多定在全国统一的节日。如五一节、国庆节或其他有纪念意义的日子。

②环境布置。在施工现场悬挂红布横幅（也有竖幅的，视环境而定），横幅上写着或缀有"×××大楼奠基典礼"字样。四周可插些彩旗，悬放一些气球。

③邀请设计、施工单位和兄弟单位的代表出席奠基仪式，由本单位领导致祝词。

④在鞭炮声中，领导和嘉宾挥铲共同为奠基石培土。

⑤照相留念。

⑥奠基仪式即告结束，结束后可安排座谈和宴请。

◇ 个人奠基

个人建房一般把"奠基"叫做"动工"或"动土"。个人建房的奠基仪式相对简单很多，现在大多数汉族地区仍保留了旧时下屋基礼俗，**一般是在墙基上砌一块青色的奠基石，上面镌刻"泰山石敢当"五个大字，作为镇宅符，寓意所向无敌、百鬼可镇、灾祸敢当。**尔后，就是放鞭炮、张贴对联，再用简单的机器夯实地基，即为完工。

延伸阅读：

"石敢当"

关于石敢当的传说很多，一说是女娲帮助黄帝战败蚩尤所炼的神石。

一说是姜子牙的谥号"石将军"的化身，一说是五代时晋祖的押衙力士，民间还传说他是一位神奇勇武的英雄。其实，考察"泰山石敢当"之说的源流，这是一种原始的对山、石崇拜的残留风俗。"敢当"是"所向无敌"的意思，正是指石本身的坚硬质地。上古有石姓氏族，可能是从石器时代石工巧匠转化而来。"石敢当"是从石器时代就已产生的石崇拜演变成为"镇邪之物"的。至于"石敢当"之前加上"泰山"字样，这是古代从黄帝封禅泰山的传说到历代帝王封禅泰山，推崇泰山而来。民间崇拜泰山为五岳之首，称它为"天下第一山"。因此，泰山之石，不同凡石，具有镇邪、庆胜、赐福等奇异的神力。汉族民间对"泰山石敢当"的这种信仰风俗。也就这样世代传承下来了。现在有些地方仅在动工日燃放鞭炮，动工场所张贴对联，以示喜庆。

3. 房屋主结构完成的上梁仪式

农村个人建房大多采用土木结构，所以很重视"升梁"日。木构平房是在墙基打起就要起架上梁的，俗称为"立架"。人们多在打基之前就请来木工整饰木材，开卯开榫，按房间布局及尺寸做准备，主柱支架固立好后大多要举行上梁仪式。仪式在中午举行，届时请人在中梁画八卦、系红布、捆匝红筷、酒盅等，贴吉祥对联如"竖柱喜逢黄道日，上梁正遇紫微星"。迎门的墙上贴"姜太公在此，诸神退位"，木工大师傅小心地放稳大梁后，便烧纸焚香放炮庆贺。其时亲戚邻居们还要蒸白面花馍、带烧酒、黄表来庆贺扶梁。中午主家设酒席招待匠人、亲族和扶梁者。**这一天，也要在施工现场张贴大红庆贺对联，燃放鞭炮；并预备若干红色汤圆分赠亲友乡邻，以示庆贺。有的还要宴请亲朋好友和建筑师傅。**

但，在城市"上梁"则发生了些许形式上的演化，现在单位建房大多是钢筋混凝土结构，没有什么"梁"好上，所以也就没有"升梁"日，但时兴"封顶"日。即在整栋房屋的框架（水泥浇注）施工任务完成之日，要热热闹闹地庆贺一番。如属提前"封顶"，建房单位还要给施工人员一定的物质奖励。这一天，大多在施工现场悬挂大红庆贺标语，并燃放鞭炮，宴请有功人员。

延伸阅读：

上梁赞歌

过去上梁，繁文缛节太多，没有必要，当今房屋属钢筋水泥现代建筑，仅有上梁或封顶之俗，是建房主体结构完成的标志，要放礼花鞭炮。要向人群抛糖果、香烟等物，泥木师傅要讲好话，唱赞歌，仍有赏封，主家还要办酒席款待造屋民丁。下面几首赞歌仅作参考。

手拿斧子白如银，东主请我竖财门，诸事兴隆灵宝地，前光后裕福家庭。

吉日良辰竖大门，兴家立业有才能，祥凝吉地千秋永，福蕴新居万事成。

福星高照彩红披，事业兴隆宝地依，正直为梁千般好，忠诚作柱万年基。

良辰吉日上新梁，紫气东来兆吉祥，富贵荣华今日乐，金银财宝滚进房。

---

4. 款待工匠的待工酒礼仪

待工酒，是款待匠人和帮工者酒席的总称，此俗流行于我国很多地区。民间建造房屋，劳作者一是工匠，二是帮工的人。**主家优厚招待匠人和帮工者，一日三餐，餐餐佳肴，其中还需摆开工酒、上梁酒、圆工酒。**一般耗资甚大，故民间有"没有三年陈酒浆，不能动用泥木匠"的谚语。今日有些人家虽将建房工程承包给了专业队，平日不管吃喝，但一两次待工酒仍在当请之列。

◇ 开工酒

开工酒是在下屋基动工之日，主人设宴款待工匠。

◇ 上梁酒

上梁酒在民间很受重视。一些地方将上梁当做新屋竣工的标志，上梁酒也即圆工酒。有些地方是在上梁的这天午餐设宴，有的地方是这天晚上设宴，在新屋里摆"上梁酒"。主人除给领头师傅上梁红包外，还得按桌向工匠、帮工和贺客们一一道谢，并分送香烟、槟榔、糖果等（旧时是送"上梁糕"），同时还要向附近邻居分送小礼物。诸亲贺客回去时，主人还必须将他们送来的礼物，分出一半让他们带回去，不能全收。

◇ 圆工酒

圆工酒即新房竣工酒（圆，即"完"的意思），是新屋完工后所请的庆功酒。 有些地方圆工酒的规模较之前的待工酒都要大，要遍请在建房中帮过工出过力的人，以示感谢。有的在圆工酒这天还要请来未帮过工的亲友，庆贺新居落成；如果不是大办，一般不用请帖，只用电话或口头当面邀请即可。温州地区是在迁新居那天摆圆工酒，当天建新灶，要分汤圆，晚上摆"圆工酒"，也有叫"竖屋酒"，请建屋师傅和亲友畅饮。

如今在一些市场经济较发达地区已完全起了变化，由包工头自找帮工的，不管饭，一律付工钱。这从另一方面表现出了社会的进步。

5. 美化环境的新屋栽树礼

我国自古以来就重视在住宅周围植树造"风景林"。它可作屏障抵御风寒，保护住村庄的风水，美化环境，故又称"风水树"。有些地方将风水树视为"神树"而加以保护。

风水树多种在村口以及靠村的山上，忌在大门口种大树。 一般来说，人们因地制宜，有的在住宅周围种些生命力强、象征健美长寿的花木，如松、柏、梅、槐、榆、樱花、山茶、杜鹃等，既可挡风纳凉，又可赏心悦目，有益于身心健康，可谓一举多得。有的种樟树、枫树、银杏等，往往与溪流、池塘、凉亭、桥梁等融为一体。

什么方位种什么树也有习规。花草树木的习性不同，作用和特点也不一样。李子喜爱阳光，忌种宅北；杏树怕涝，宅东不宜栽种；榆树生长迅速，枝叶繁茂，种于宅后有利于防风、御寒；榆树还具有极强的吸附毒气、烟尘的性能，种于宅后能够净化空气、保护环境。

6. 庆贺乡邻建房的礼俗

按照传统礼制的解释和民间约定俗成的古老礼仪，古人逢有筑室奠基、上梁盖屋以及乔迁新居等喜庆好事时，亲戚朋友、邻里左右都有前来庆贺的社交礼俗和表达喜庆吉祥的"同欢共乐"的联络感情之举。这种礼俗在今天仍得到了继承与发扬，主要表现在如下几点。

一是在一些地方，至今仍保持了一家兴建住宅，邻居里舍、亲朋好友都来帮工的良风美俗。这种帮工是不请自来的，也不要主人开工钱。无论哪家兴建住宅，即算是以前咒过娘骂过老子的，要是不去帮几个工，也是过意不去的。这种助人为乐的民俗心态，表现了劳动人民的高尚情操。

二是至亲好友送重金相助。对一个家庭来说，建房的耗资算是巨大的，一般来说资金都是很紧张的，这时一些至亲好友会尽力而为，送重金相助，多者几千上万，少则几百。

三是送礼物。在农村，在开工日、上梁日，亲戚邻里这天都要前来送礼庆贺。**所送礼物都是招待匠人和帮工者需吃的食物，有的地方叫做"供点心"。**上梁为筑屋的重要礼仪，送礼物时还讲究寓意吉祥、谐音吉祥。如定升糕、兴隆馒头等，为的是满足兴旺隆盛、步步高升的吉祥心理。有的地方还放两根甘蔗，这是祝愿主人建新居后日子过得像甘蔗一样节节高升，甜甜蜜蜜。

四是送喜庆礼品。一般是贺联、幛轴。上梁主持人要在中堂挂上贺喜的幛轴，在屋柱两旁贴上对联。

五是参加庆贺仪式。如奠基仪式、上梁仪式，亲戚邻里都到场按照各自的角色参与祝贺，以增添喜庆气氛。

礼仪提醒

我国传统中的贺人建房、乔迁之礼俗，它实质上是古人在礼与"和"的原则教导下，追求"里仁为美"思想境界的外化表现。所谓"里仁"，即邻里、乡里有仁厚的礼俗。不仅家庭、家族内部父慈子孝，兄仁弟悌；在家之外，邻里之间也应是和睦相处，互相帮助，而邻里、乡人筑室上梁乔迁之机，正是表达这种思想感情的最佳时机和最好途径。

7. 建房过程中的文体礼仪

不管是城市，还是乡村，受我国传统文化的影响，在建房过程中总会使用到各种文体，这里面也有不少的礼俗需要注意。具体而言，有以下几点。

◇ 奠基石的镌刻

建筑高楼大厦，一般都有奠基石。这种奠基石多系砌在建筑物正面墙的下部。奠基石的镌刻方式有三种。

①奠基石中部镌刻"奠基"两个大字，上方或右侧镌刻单位或工程名称，下方或左侧镌刻奠基或施工日期。

②奠基石上方刻建设单位名称，中部刻建筑物名称。下方刻施工单位名称和施工日期。

③有的只在奠基石正中间刻上建筑物名称，右下方刻施工单位及动工年月，这样的奠基石砌在建筑物正面中部，以引人注目。

农村建房，多在墙基上砌一块青色的奠基石，上面刻"泰山石敢当"五个大字。

◇ 新居落成请柬

新居落成，乔迁之喜，设宴庆贺，称暖房酒筵，邀请亲朋好友前来参加，则发出这类请柬。它除需符合请柬的一般要求外，内容上一般要说明新居落成乔迁和宴请地点。形式上有横排和竖排两种。

◇ 上梁联

上梁是建房中一件大事，楹联的使用更要多多注意。

竖千年柱栋梁擎大业
架万代梁基石奠雄心

金梁曜日花开富贵人开眼
玉柱擎天日上中天屋上梁

上梁欣逢黄道日创业全凭劳动手
立柱巧遇紫微星建房尽是栋梁材

鸣花炮声声道喜游龙戏凤安玉柱
起大梁步步登高春暖花开上金梁

立玉柱天长地久旭日悬顶玉柱根基固
架金梁人寿年丰紫微绕梁新居喜庆多

◇ 上梁横批

时逢大吉	喜接芳邻	门启大吉	坚础九鼎	安居乐业	新天新地
光开新天	焕然新喜	平安门第	七星高照	华堂集喜	春光灿烂
紫气东来	气象一新	欢入新第	福星高照	喜气盈门	乔迁福祉
满家欢乐	莺歌华屋

◇ 新居落成联

新居落成，众人庆贺，所选楹联应主要为喜贺之内容。

华堂昼永　新居迎百福
风和新居暖　华堂辉画锦

乔木春深　仁宅集千祥
日丽甲第安　喜气溢朱门

新厦落成增秀气
红日舒辉临吉宅

华门安居进财源
春风送暖入华堂

春风暖万家迎来新居焕新
华厦落成吉星高照千秋业

杨柳绿千里更添华屋生辉
宏基永固旭日长延万代荣

8. 新居落成的贺礼要求

主人新居落成，亲朋前来祝贺，作为祝贺者，一般都要赠送些礼物。礼物的多少，应根据宾主关系的亲疏和本人财力而定。

为了隆重和礼貌，赠送礼物和封包，都要在礼物或封包上书写衔头、具名和喜庆词语，如果赠送的礼物不止一件，则应附上礼单帖，写明礼物名称、数量并具名。书写礼单帖有一定的格式和讲究，礼物名称尽量用雅称，数量则求双数。

封包也要用红纸制成封套，纳入现金后封妥，并在封套上写上庆贺词语及具名。祝贺新居落成及迁居的封包词有如下几类。

◇ 新居落成

渌创之喜　轮奂之喜　燕贺之喜　华厦春暖　新居之喜
华厦落成　广厦辉煌　玉宇琼楼

◇ 迁居

迁居叶吉　乔迁之喜　迁居之喜　敬祝乔迁

◇ 通用

传统礼仪十分注重礼尚往来，凡有礼单帖的，都应在收到礼物之后送去领谢帖。现金礼仪从简，收受礼物之后，一般只是点头致谢，不再具帖领谢了。

9. 庆贺新居的贺联礼仪

庆贺新居的对联应力求体现新居落成这一喜事的内容。**对联又分为自用和祝贺两类，前者内容措词含蓄谦逊，后者则为称颂祝贺，可以夸张一些**。现汇集民间常用庆贺新居对联及横批如下，供了解、参考，以备实用。

◇ 新居乔迁各类联

天盈百福	欢歌盛世	天时家旺	吉星高照	山河添秀	功成蜗建
户纳千祥	喜乐新居	地利人和	紫气东来	草舍焕新	庆兆仁祥
新居里静	新居永定	茅庐甫竣	乔迁闹市	莺迁福址	祥凝吉地
闹市中兴	屋宇长宁	事业方兴	福蕴新居	燕入祥楼	福蕴新居
祥云紫阁	承蒙燕贺	树千秋业	人和业旺	禧凝燕贺	乔迁志喜
福地恒春	喜庆居荣	凝万代财	世盛家兴	庆肇宏图	永发其祥
门临大道	新居蒙赐贺	共庆乔迁喜	安居和以美	春风开画栋	
户纳小康	薄宴表微忱	同吟致富诗	择里德为邻	旭日映庚堂	
地天增异彩	朝阳辉画锦	立千秋伟业	大祥凝吉地	新居凝紫气	
日月普光辉	陋室溢春光	展百代宏图	洪福溢新居	菲宴谢浓情	
祥云浮紫阁	虎踞龙蟠地	雾散阳光丽	龙腾阳照吉	世盛大梁正	
喜气溢朱门	夏凉冬暖家	云开屋宇娇	凤舞屋呈祥	人和家业兴	
胜地丁财旺	新居迎百福	争贺莺迁乔木	大好山河添锦绣		
新居福禄绵	盛世纳千祥	迎来燕入高楼	建筹屋宇换新颜		

举目君山环抱	漫道粗茶淡饭	旧宅翻成新宅	坤正奠定兴家业
登门草舍更新	还须茹苦含辛	今年超过去年	基实牢撑继世梁
甲第新开美景	大业欢欣乃构	正直为梁千秋业	成家全凭劳动手
子孙大展宏图	小康乐建之家	忠诚作柱万代基	筑屋尽是栋梁材

新屋落成千般喜　　山河多娇添锦秀　　胜地安居昌百世　　山清水秀风光好
全家和睦万事兴　　草舍告竣换新颜　　新家集景福千秋　　地利人和喜事多

立玉柱千秋万古　　燕落屋顶屋落燕　　四面青山多锦秀　　讲完美还须继续
架金梁万古千秋　　春来院中院来春　　一条溪水映光晖　　惭简陋差幸落成

起居思念经营苦　　千秋伟业儿孙福　　华堂建就六亲力　　欢歌盛世千般就
出入常怀创业艰　　万代宏图祖宗光　　玉宇落成百匠功　　喜乐安居万象新

家庭和睦凝百福　　阁上金龙腾紫气　　新燕绕梁寻旧主　　喜居花际香溢舍
屋宇换颜集千祥　　堂前彩凤映丹霞　　东家建厦接西宾　　善与人同德有邻

淡酒清茶娱雅客　　乔第喜迁新气象　　陋室不当劳燕贺　　立玉柱天长地久
腾龙舞凤庆新居　　换门不改旧家风　　粗肴岂敢宴嘉宾　　架金桥人寿年丰

瑞气祥云环画阁　　江山聚秀归新宇　　福星高照勤劳宅　　春风化雨艳桃李
黄莺紫燕贺新居　　奎碧联辉映华堂　　喜气长留俭朴家　　瑞气盈庭旺子孙

新屋新时新气象　　画栋奇云呈异彩　　山环水绕风光好　　勤俭持家臻富贵
好山好水好风光　　电灯映月耀光辉　　柳暗花明气象新　　忠良处世必平安

山川聚秀归新宇　　户对青山山清水秀　　喜建草堂春风入座
日月交辉映画堂　　门朝峻岭岭似龙盘　　乔迁新居佳客盈门

新居落成祥云绕室　　扩建住宅增添喜庆　　遥望门前远山如画
华堂集瑞旭日临门　　改筑屋宇乐享安居　　近看屋后新树成林

乔迁有庆窗明几净　　画栋结彩祥联百代　　大地钟灵文明运启
后继无遗心旷神怡　　奎璧生辉喜兆千秋　　华堂集瑞富有基开

开百世鸿图龙盘虎踞　　建设新农村屋新路新新气象
启千秋大业凤起蛟腾　　欣逢好社会人好心好好风光

住新屋添新装重新新家当　　水抱山环新屋绕园林乐趣
勤有功劳有益更有有人随　　春华秋实生活胜城市风光

茅庐甫竣吉星高照千秋业　　旧梦惊魂茅舍月阴愁夜雨
宏基永恒旭日长辉万代兴　　新楼惬意明窗日丽沐时风

185

蜗舍告成荷蒙戚友亲朋齐相助　旧宅可日洞天水抱山环尽享田园乐趣
莺迁有庆聊备粗肴淡酒表微忱　新居更属佳地商云贾集饱览城市风光

喜新居乐鸟语花香山绕水环堪入画
陈菲宴酬亲情友爱人和地利好安身

亦工亦农历尽数年勤劳俭朴茅庐告峻完美愿
承戚承友启程四面赐贺隆仪薄宴聊陈谢隆情

旧屋苦多年随生活上升改造原庐完美愿
新居欢乐日叨亲朋赐贺聊陈菲宴表微忱

草舍欣落成叨蒙亲朋赐贺盛意铭心荣表里
群英话满座自愧东道力微粗肴淡酒谢浓情

高楼替矮楼你已盖他已盖致富君是先行者
旧屋添新屋亲也帮邻也帮脱贫我为后来人

建三层住所设两进楼房得天时地利业竣工成堪遂意
欣四座佳宾陈满壶鲁酒醉师匠亲朋家兴事顺乐安居

旧屋换高楼亦商亦农智逸勤劳园美愿
高朋欣满座承礼承义聊陈薄宴谢浓情

历多年积蓄靠双手勤劳戴月披星草舍欣成能避雨
蒙戚友光临叨隆仪赐贺粗肴淡酒诸君乞谅喜干杯

历尽数载辛勤旧屋换新楼几净窗明圆遂意
承蒙三谊莅止蓬门盈紫气肴粗酒淡谢浓情

燕喜新居欣逢旭日初升屋梁绕瑞开远景
莺迁艾地感谢亲朋莅止蓬荜增辉启宏图

林环水眺喜新居有鸟语花香美境吉祥胜地
日吉时良陈菲宴蒙亲帮友助浓情盛意铭心

数载苦经营旧屋换新楼虽非画栋雕梁幸堪客膝
三谊欣莅止蓬门盈紫气惟欠佳肴美酒欢聚谈心

◇ 横额

①贺新屋。

堂构增辉　美轮美奂　华厦开新　宏图大展　淦玉满堂　瑞霭华堂
新基鼎定　伟哉新居　堂构更新　福地杰人　堂开华厦　焕然一新
大展宏图　千载宏图　百年大计

②贺迁居。

良禽择木　乔木莺声　莺迁叶吉　高第莺迁德必有邻
安仁之宅　乔迁新居

③通用。

幸福华堂　雅韵逸风　芝兰锦绣　竹苞松茂　日映华堂　地灵人杰
福地祥天　清风明月　美满金荣　书香梅韵　裕逸康宁　吉星悬宁
福禄祯祥　庆云毓秀　富吉安康　紫气东来　入宅大吉　长发其祥
新居之庆　如松斯茂　宏图盛景　蕴福潜祥　云岗福气　霁月光风

10. 选择宅址的礼仪禁忌

建宅之前要选址，人们称之为"相地"，这是建筑的前提。在汉族民间，农耕生产对气候条件和自然环境有着强烈的依赖，渐渐地人们便赋予自然高度的精神象征意义，认为自然环境的优劣会直接导致人命运的吉凶祸福。因此，在建筑上，选择好住房坐落的空间就显得十分重要。按我国传统，选宅基地有如下几大禁忌。

◇ 犯"太岁"

选择宅址有一个大的禁忌便是"太岁"。王充的《论衡·难岁》对此有记述："移徙法曰：'徙抵太岁凶，负太岁亦凶'。抵太岁名曰岁下，负太岁名曰岁破，故皆凶也。假令太岁在子，天下之人皆不得南北徙，起宅嫁娶亦皆避之。"但太岁为何物，历来众说纷纭。总的看与岁星（即木星）关系密切。但就科学批判而言，其实太岁是一种白膜菌，只因当时无力解释才附会出太岁凶神的臆说。

◇ 远离庙宇、道观

根据风水理论，住宅旁边不宜有庙宇、道观。因为庙宇和道观给人幽深、冷清、淡漠的感觉，易让人产生避世、不求进取的思想。**如果香火太旺，噪声不断，也不宜居住，同时又易产生迷信观念。**特别是庙宇、道观多处于风水宝地，旺气尽夺，余气所剩无几，如果住宅在庙宇附近，生气外强内弱，对住宅主人健康不利。

◇ 定方位

选定住宅地基之后，再由风水地师以其对外在环境、天时的观察、诠释来决定整栋屋宇的朝向。若屋主人未请地师，则由大木师傅定向。风水中称这种决定住屋朝向的方法为"向法"。定方位要顺势、忌逆势。**根据自然地形、地貌、水流方向、气候特征等决定"大向"，即大致朝向。**一般规则是坐北朝向的"负阴抱阳"格局。一些特殊的村落则因禁忌、避煞、自然条件的限制及礼制上对方位的要求而朝东或西。方位上的禁忌不是很严，最忌的是地势上南高北低，看上去极不顺眼，俗说："前（南）高后（北）低，主寡妇孤儿，门户必败。后（北）高前（南）低，主多牛马。"实际这是顺乎自然。人们都是把房院建在山南水北的阳处，而不会建在山北水南背阴地里，出门就蹬山爬坡也是很不方便的。

11. 建房施工的礼仪禁忌

我国对建房也有很多讲究，其中有些禁忌具有必要了解一下的。

◇ 建房择吉，忌讳冲犯太岁

民间传说，如在太岁方位动土，就会挖到一种会动的肉块，即是太岁的化身。如果人的精神荣盛、命运正旺还倒不至于怎样；如果运气不佳，命象衰微，就会遭到丧亡的灾难。因而人们最怕遇到太岁，常常畏之如虎，比喻什么人凶恶、难惹，就称之为"太岁"。"胆敢在太岁头上动土"成了吓唬人的口头禅，"不得在太岁头上动土"也就成了民间普遍的忌讳了。

◇ 房舍的结构

在建房时，房舍的间架结构受民俗风习的制约，也有一定的禁忌规矩。造屋的地基要平实，屋形宜前低后高，忌前高后低。俗谓"前高后低，主人被欺"。更忌房子的中间高两头低，说是"小鬼担挑"，不吉利。草房和瓦房房顶的坡度又有不同。**草房怕积水，所以要陡，瓦房房顶分量重，所以应平缓一些**。俗语云："草房平，住不成；瓦房陡，住不久。"盖瓦房覆顶，瓦的行数喜单忌双。

◇ 盖房所用木料，也有所宜忌

房梁一般喜用榆木，取其"余粮"之意。忌用桑木，俗说"桑不上房"，因"桑""丧"同音，恐不吉利。豫北一些地区，还忌桃木、枣木、椴木、柿木、杏木、椿木上房。俗以为桃木上房主荒，要跑财；枣木上房人早亡；椴木上房绝后代；柿木上房出祸殃；杏木上房家不宁；椿木上房，家财将被"冲没"。其中有的是树木名称不吉引起的禁忌；有的则属树木材料质地差，不宜上房。

◇ 同聚一处的民居，屋房的高度要大体一致

民间忌讳房子、院墙高于其他人家。否则，会破了人家的"吉利"、"风水"、"运气"，往往因此邻里闹纠纷，结下怨仇。房子若高低不同的，较高的压了低的气。**左边的房子可以高于右边的房子，绝不允许右边的房子高于左边的房子**。俗规是：左青龙右白虎，宁叫青龙高万丈，不让白虎抬了头。在同一院内，即使是自家盖房子，偏房不能大于或高于主房，前边的房子不能高于后边的房子，否则叫奴欺主。

◇ 盖房出檐，忌讳滴水到邻家房上、院中

后房檐忌砌"狗牙砖"，否则，认为是"咬着人家"了，人家会竭力反对。房屋山墙忌照冲着邻家的院子。否则，以为是以"箭"射人。如躲不开，须在山墙脊头扣一砂锅。执意不扣砂锅的，邻家会在院中安一面镜子反射，以为这样就使灾祸又返回到对方家中了。厕所不能建在上首，即不能建在房子的左边，否则不吉。鸡窝忌垒在正屋的屋檐下，俗称"双落泪"。

◇ 新宅前不宜有无人居住的破屋

宅前破屋使人很扫兴，破屋会滋生细菌，破屋容易藏流浪的坏人，破屋容易倒塌，小孩在里面玩耍，有生命危险。此外，破屋还容易使人梦见

鬼神，引起幻觉。所以，新宅前忌有无人居住的旧、破房屋。

12. 住宅门窗的礼仪禁忌

门，是家的代称。俗谓成家立业为"立门户"。民间有"一个门里的""不是一家人，不进一家门"的说法，可见古代对门的重视。

随着住宅朝向的确定，门窗的方位也被确定。**门是内外空间分隔的标志，是迈入室内的第一关口，中国人历来重视各种门的处理，风水更是对其投以深切的关注。** 具体而言，住房门窗方面也有一些禁忌。

◇ 门的方位

民间一般立门于南、东南及东三方，俗谓"三吉方"，又以东南为最佳，俗称青龙门。对照传统民居的大门位置，多与此说相合。古代门向的禁忌与住家的姓氏相关。《论衡·诘术篇》云："《图宅术》曰：商家门不宜南向，徵家门不宜北向。"熊伯龙《无何集》云："角家门不宜西向，宫家门不宜东向"等，便是这种古俗信仰的例子。这一迷信现在已不多见。门向禁忌更多的是涉及到门外的环境。造大门时，应低于墙，若门高于墙，家中必常哭闹。大门口不能有水坑，否则必家破人亡。大门口又不能正对大树，否则家中必遭大瘟。大门不能被水冲，否则家散人亡。门下又不能有水流出，否则财物不聚等。

礼仪提醒　关于门的开向、方位的禁忌多是为了避免"气冲"。为了达到这一目的，民间有一简便的方法，那就是在门边置屏墙一堵，或直或曲，另一方面又要保持"气畅"。因而屏墙多是不封闭的，如入口处的影壁等，使得内部空间还呈现与室外相融合流通的意向。

◇ 窗的大小

旧时，民间房间的窗户禁忌做得比门宽大。俗谚说："眼不能比嘴大。"否则，日后不顺当。现在许多新建的房舍，为了采光好，也有窗宽大于门的。**过去民间建房舍，讲究对称一致，忌讳窗户一大一小，俗称"大眼瞪小眼"，主家庭不和睦。**农村建房又忌后墙留窗。俗称房屋不能长"后眼"，一般人以后眼为骂人的话，即指肛门。房子留后窗，就像人们露出屁股一样，俗称"钻过头不顾腚"，主此家妇女淫荡不守本分。

◇ 开对窗

一座房子，前后开窗，形成对流，从现在建筑学的角度来考虑，通风透光条件较好，可以给室内提供大量的新鲜空气。但对这个问题的思考同对禁忌这一习俗的研究一样，必须置于久远的历史环境中。古人正是为避风寒才构筑巢穴、建房立舍的，至少，这是人们筑屋的第一需要。**如若洞穴前后开窗，与他们的目的恰恰相反，甚至会带来感冒、发热等种种不适之症状。**所以，他们便会自觉地、尽可能地堵塞风道，以满足生活的需要，确保身体舒适无病。

13. 房屋居住的禁忌礼仪

房屋一旦建成，就已经确定了哪是神圣的地方，哪是相对世俗的地方。这种空间上的划分是得到大家认同的，早已存在于人们的意识之中，并作为一种行为指令贯穿从建造到居住的始终。神圣的空间也就是禁忌的空间，人们通过恪守种种禁忌来达到和维护居住空间的神圣。从而使心理得到满足。

◇ 房屋窗旁的禁忌

最初，古人的屋舍是在屋顶上开个天窗来采光，在屋舍当中，与这个天窗相对应的地方是古代重要的七种祭祀对象之一，因为它被视为家中的家神。随着屋室制度的发展和变革，四旁的窗户取代了天窗。作为屋檐下承接雨水的地方就成为神圣的地方。坐在这个地方、马蹄踩到这个地方、在这里小便都被严格禁止。

◇ 屋柱的禁忌

在少数民族家里，屋柱是神圣不可侵犯的。布朗族建竹楼，最郑重的是挑选两根中柱（即家神柱），一根是男性祖先的象征，另一根是女性祖先的象征。挑选中柱，要请祭司占卜，由主人亲手砍伐，以倒向东方为吉利，忌倒向西方。砍伐时如出树汁，则被认为不吉利，须另行卜选。**立房柱时要先立中柱，而且要立得直、立得稳，以兆根基稳固。**中柱是神圣的，人不能倚靠，也不能用手触摸。凡遇生育、疾病、死亡、年节，都要向中柱磕头祭献。

◇ 屋房门的禁忌

屋门与家门一致，因而汉族民间忌讳常关屋门，唯恐"关门绝户"。大门禁忌白天不打开，侧门、后门和堂内的房门却不忌讳。但内室的门要么打开，要么关上，不许半开半闭。因为俗称私娼为"半开门"，因而有此忌讳。清唐义方《里语征实》有"半开门"一条云：娼妓不列花籍者称"半开门"，与"门户人家"相别。

◇ 门槛、台阶的禁忌

由对门、户的禁忌辐射为对附属的门槛、门前台阶的禁忌。《论语》《礼记》《汉书》等都提到不能脚踩门槛；《淮南子》说不能头枕门槛，否则会被鬼踩头。《风俗通》载，不能躺在门前台阶上，否则会被鬼踩头而得病。《战国策·赵策》说，侠士豫让最初在中行氏手下做事，后来"去而就智伯"，因为中行氏把门闩给他当枕头，触了大忌，才使豫让愤而出走。

延伸阅读：

各民族、各地区关于门槛的民俗

汉族新婚迎娶，"新娘子进男家门时特别忌讳触犯各种神灵，尤以门槛为最要小心之处。新娘子绝对不能用脚踏在门槛上"。阿昌族、白族、土家族以及汉族部分地区都禁忌妇女在堂屋门槛上坐，以为如此会辱没家神。湖南有的地区有"病人服药，忌将药端过门槛再服"的民俗，以为若如此，则药会失去效力。广东合浦民俗，"孩童不许企立于门限上面，企则无米炊饭，不利之谓也，夏至企门限即生疮，冬至企门限要腰痛"。有的地区忌孕妇手抓食盐跨过门槛，俗信如此则得罪门槛神，分娩时婴儿的手会先出来。黑龙江有些地区曾经流行这样的迷信观念，以为将胎盘埋在房屋门槛下，则有"顶门杠"的意义，可以使儿女光宗耀祖。

八、庆祝生日礼仪

年少者的生日典礼叫"过生日"，年长者的生日典礼叫"做寿"。生日祝贺可较随意，一个电话、一封贺信、一张贺卡都能带去一番真诚的祝贺，一束鲜花、一件小礼物也能带来一片温馨的祝福。祝贺内容可以"健康成长、学习进步、工作称心、爱情美满"为主题。以下将侧重非年长者的庆生礼仪。

1. 生日宴会的规范流程

过生日的时候，中国人不免邀上三五好友或者宴请宾客一同庆贺。这样就形成了正式或者非正式的生日宴会。正式的生日宴会流程与一般宴会大致相同，主要有五个部分。

一是开场白。由主持人宣布宴会开始，介绍到场的来宾，聚会的目的。

二是介绍寿星登场，寿星致词。

三是来宾代表或者亲友拜寿。

四是推出蛋糕，点燃蜡烛，寿星许愿并熄灭。

五是寿星致谢词。

相对于正式的生日宴会。更常见的是非正式的生日聚会。**一般非正式的生日宴会，没有特定的步骤和程序，最重要的就是主客同乐。**

2. 调动生日宴会氛围的方法

吃饭做事最重要的就是氛围，氛围这两个字看似简单，但是对于宴会却是最难掌控的。生日宴会不同于其他宴会，它是以给寿星祝寿或过生日为主。生日宴会的气氛也远比其他正式宴会重要。区别于严肃紧张的宴会气氛，生日宴会更强调的是主客同乐，愉快诙谐。

作为生日宴会的主持人要懂得运用幽默的语言来调节气氛，主持用词不要过于正式严肃，要适用于场合。也可以讲些小笑话之类的，博得主客一乐。**但是笑话不要低俗或者让人难堪，以免适得其反，让人不舒服。**

在流程设计方面，整个流程中，除了介绍来宾等环节相对正式外，还可以穿插一些游戏环节或唱歌环节助兴。这样有利于活跃气氛，让宴会变得更加热闹，更符合贺生日祝寿的主题。

游戏和歌曲的选择也是活跃气氛时必须要注意的一个细节。就拿歌曲来说，既然是生日宴会，所选择的歌曲应该符合祝寿的主题，或者体现美好愿景的。节奏应该欢快、愉悦，不能选择那些曲调悲伤，让人心生感伤的曲子。如果错选了歌曲可能不但没起到助兴的作用，反而弄巧成拙，使宴会的气氛变得尴尬，让主人或者客人难堪。甚至可以请一些专业的演员来表演戏曲、相声等。

游戏的选择上也要格外注意这一点，所玩的游戏最好参与人数不要过多，否则易于造成场面混乱。所选的游戏，最好也能是应景的有些彩头的。像丢蛋糕、抹奶油一类的游戏就不适合，应该尽量避免。游戏不仅要大方得体，更重要的是符合场合。

总的来说，调动场上气氛的方法还有很多，就不一一枚举。

礼仪提醒　　不同的场合，不同的环境，不同的生日宴会规模都有其适合适当的调动气氛方法。要看主持人的灵机应变，也要看宾客的配合程度。

延伸阅读：

常见的年寿代称语

总角、垂髫指代童年、幼儿。

豆蔻、及笄、花季分别指代十三四岁，十五岁和十六岁的少女。

弱冠指代男子二十岁，已成年。

而立指代三十岁，常言"三十而立"。

不惑指代四十岁，后者专指男子四十岁。

天命指代五十岁。

花甲、耳顺、耆指代六十岁。

古稀为七十岁。

耄耋指代八九十岁的老年人。

期颐即百岁。

男孩诞生曰"弄璋"，女孩诞生曰"弄瓦"。

华诞指代生日，男女通用。

3. 为孩子举办生日宴席

孩子到一定年龄时，就要开始正经"过生日"了。父母大多数都要为孩子举行个生日宴席（生日聚会）。年幼的儿童过生日常由家长来主持组织，可以邀几个与孩子要好的小朋友；大一些的孩子则往往由他们自己与伙伴共同策划，作为家长，如果不是那种十分开朗的，最好不参加，只提供一些帮助者或资助，让孩子自由尽兴地安排。

生日宴席开始，首先摆好生日蛋糕，点好蜡烛，大家向"小寿星"表示祝贺，赠送礼物，一起唱"祝你生日快乐"的歌曲，小主人在烛火前默默许下一个心愿，然后吹灭蜡烛，亲手给大家分蛋糕。然后可以自由地聊天，做游戏或表演节目，不管什么舒适形式，都要围绕给主人过生日的主题，使主人心情愉快。

有时，场地够大的话，可以举办生日舞会。**舞会的布置一定要符合年**

轻人的特点，要色彩明快，活泼新颖，可以用鲜花，彩纸彩球灯或烛光作为装饰。仪式同生日晚会相近，只是分享生日蛋糕后即可宣布舞会开始。

如果是异地的朋友，可以电话祝贺或寄生日贺卡，写上真挚的祝福。要计算好时间，一定在生日当天或之前寄达。发贺电，寄送礼品也是这样，否则，寄晚了就失去了意义了。

随着时代的发展，过生日也有了许多新的花样，比如时下流行家长带孩子到麦当劳快餐店过生日，由快餐店服务小姐主持生动活泼的生日会餐。还有到电台、电视台为过生日的朋友点播歌曲，借助传媒，表达自己的深情，也是一种风格别致、新颖有趣的方式，往往可以收到特别的效果。

生日礼物没有固定标准，如果送给孩子，可以送玩具、文具、书籍、本册、衣服等；如果是送给同龄的伙伴，则根据对方的性格爱好和两人的交情，选择对方需要或喜爱的物品，所选物品应有一定的含义。

在家庭举办的生日宴会上，通常父母要致贺词，表达自己喜悦之情的同时也对子女提出希望。下面是一位父亲对孩子的生日贺词。

儿子：

今天是你的生日，我们愿你开心无限，快乐无边；也愿你健康永远，爱心永恒。

×点××分是个难忘的时刻，18年前的这个时刻，你在晨曦微露的黎明时分，送来了一声嘹亮的啼哭，向这个世界报到；18年后的这个时刻，我在凉爽的微风中为你写下生日寄语，送去我心语一片，心香一瓣。

谢谢你，儿子！谢谢你18年来伴我们走过的每一天。是你的降临，让我们懂得了什么是责任，什么是义务。

谢谢你，儿子！是你，让我们对博大精深的爱有了全方位的理解与阐释。只因心中充满了爱，我们才会如此地热爱生活，热爱工作，热爱身边所有的人和事；只因心中充满了爱，我们才能如此地善待亲人，善待朋友，善待那些素不相识的人。

18年春华秋实，18年含辛茹苦，草长莺飞，变化的是你的成长与进步，不变的是我们浓得化不开的爱。

18年雨雪风霜，18年寒暑更迭。岁月风尘，涤荡你幼稚的幻想，磨砺你坚强的意志。

如今，你已长成一个沉稳、干练的棒小伙子，爸妈以你为荣！我们希望，我们恒久不变的浓浓的爱，能化作你发奋求知的动力，助你到达理想的彼岸。你能成为对社会、对祖国有用的人才，是我们最大的心愿。

儿子，请你记住，无论你走到哪里，你的根都在中国。希望你，莫忘深深养育情，牢记拳拳报国心。

4. 而立之年生日贺词礼仪

孔子说，我20岁时开始立志学习，30岁能自立于世（学有所成），40岁时遇到事就不会迷惑，50岁时懂得天命，60岁能听得进不同的意见（清楚理解听到的话），到了70岁能达到顺着心愿做事，而不会超越社会所认同的规矩。

"三十而立"应当是一种怎样的人生状态？问题出在对"立"的理解上。程树德《论语集释》说："窃谓立止是学有成就之义。"南怀瑾《论语别裁》说："立就是不动，做人做事处世的道理不变了，确定了，这个人生非走这个路子不可。"李泽厚《论语今读》说："三十而立，有人强调与立于礼有关，是指人从六岁习礼到三十岁才算完全掌握熟练，但后世注疏多不拘泥于学礼，而泛指人格的成熟，更佳。"因此，他把"三十而立"翻译成白话文"三十岁建立起自我"，颇耐人寻味。而李长之《孔子的故事》则以孔子的口吻说"我到了三十岁的时候，仿佛对任何事都有个主意了"，也就更为形象。三十而立，人生踏上一个新的台阶，不管这个台阶将会引领你去向坦途还是坎坷路，很少有人在人生的这个时刻不审视自己一番的，这个时刻既是一个阶段性的总结，又是一个新计划的开端，这个时刻，太容易让人回味，又太容易让人畅想。**而立之年，是人生重要的转折点。借力而行，行必风行；借势而跃，跃必飞跃！**

◇ 妻子致辞

下面是一位妻子在老公30岁庆生宴会上致辞。

女士们、先生们，朋友们：

俗话说：男人三十而立。男人，30岁，说年轻不年轻，说成熟不成熟，就是这样一个似是而非的年纪，今天也轮到了你——我的丈夫。

不知从哪看到一句话，说30岁的男人不是人家说一句生日快乐就会快乐的，我觉得说得对。但是，我觉得，你有足够的理由过这个快乐的30岁生日。

你30岁了，让我来帮你盘点30年来走过的日子——你出生在一个幸福的家庭，你是继四个姐姐之后的唯一男孩，是父母的宝贝。你的出生给整个家庭带来了希望和欢乐。童年的你快乐无限，可以赤脚奔跑在乡村的土地上，用自制的钓钩在小溪旁钓螃蟹，抓小鱼。少年的你帅气可爱，中学的时光没有荒废，拥有打劫同学的顽皮经历，拥有助人抓劫犯的光辉历史，又有醒悟过后的悔过自新，更有开始初恋的美好感觉。大学里的你更加帅气十足，总有女生打你的主意，希望能得到你的垂青，让你度过了四年众星捧月的生活。你工作了，你用自己的实力证明了你的能力，你用你的劳动所得还清了所有家里因你上大学欠下的债。

所以说，你是幸福的，你是快乐的，你是被人羡慕的；珍惜现在，珍惜所有，你现在拥有的已经是很多人梦寐以求的。不要要求太多，太多的要求会让你看轻家人，看轻那些本该"看重"的东西，到时候，你可能会后悔莫及……

你30岁了，而立之年，我要让你觉得你是真正幸福的。

最后，衷心地感谢各位亲朋好友的光临，在这个美好的日子里，祝大家在家顺，在外顺，今天是个吉祥日子，心顺意顺，前程顺，一顺百顺；天地顺，人情顺，风调雨顺；现在顺，将来顺，一帆风顺，恭祝各位：万事顺利！

◇ 丈夫致辞

下面是一位丈夫在妻子30岁生日写给她的话。

最亲爱的老婆：

今天是你30岁的生日，生日快乐。

答应为你买一束最美丽的玫瑰花，放在你温暖的怀里，让所有的浪漫如花盛开，开成一个弧形，那是你我的彩虹，你喜欢她的七彩，我喜欢她的美丽。

答应为你买一盒最可口的蛋糕，放在圆圆的桌上，为你点上蜡烛，让所有的爱燃烧，燃烧成一个心形，你许你的心愿，我则轻轻地亲你，吻你，告诉你：生日快乐，老婆，我爱你。

你比月亮晚生一天，昨天月亮最圆，今晚你最美丽。

在你生日的这一天，将快乐的音符，作为礼物送给你，愿您拥有365个美丽的日子，衷心地祝福你——生日快乐！

在你的生日之际，诚挚地献上我的三个祝愿：一愿你身体健康；二愿你幸福快乐；三愿你万事如意。

5. 不惑之年生日贺词礼仪

当你告别"而立"之年，并年复一年地向"不惑之年"迫近时，也许偶尔会有一丝"老之将至"的淡淡惆怅涌上心头吧？是啊，童年时捉迷藏的情景还记忆犹新，少年时各种稀奇古怪的念头仿佛还未消失尽，这一切与自己的年龄竟已相距很远了，怎能不令人感慨！

由于你正值中年，很幸运地一边享受着父母乃至祖父母的舐犊之爱，同时自身又体会到了做丈夫和父亲或做妻子和母亲的甘苦；而成年后的手足之情，在剔除了孩提时种种无谓的争吵后，更显得那么温暖纯真……这一切，让你懂得了许多有关爱的真理。

人到中年，对自己认识得更透彻，更全面了，不仅知道什么发型和颜色最适合自己，而且也找到了生活中最适合自己、能使自己最大限度放射出全部能量的位置。你的工作从没像现在这样得心应手，遇到难题你也不再惊慌，而能稳稳当当地设法解决它。如果你在青少年时期，一直在为塑造一个完善的自我而摸索探求，那么，现在你已完成了设计草图的第一道工序，下一步该是最令人神往的工序——上颜色！也许10岁以前你仅懂得一切是为了做给爸爸、妈妈和老师看的；30岁以前你开始认识到要为你自己负责；而40岁的你，看着正在成长的小辈和已开始领退休金的父母，一定会切切实实地感到应该对社会负责了，有了一种高尚的责任感。

诚然，秋天离冬天不远了，但它却是个收获的季节。**中年的确有着许多它特定的烦恼。但它带给人们的喜悦远远多于忧愁。**假如用一座拱形大桥来比喻人的一生的话，那么中年，正值这座拱桥的最高点。所以，中年朋友们。你还有什么未遂的心愿、未施行的计划吗？那就切莫迟疑，赶快抓住中年这个闪光的年轮吧！有一句谚语说得好：人的生命从 40 岁开始。

◇ 弟弟致辞

下面是弟弟在兄长生日的家庭聚会上的致辞。

我最亲爱的大哥：

今天是×××× 年×× 月×× 日，是你的 40 岁生日。大哥比我大两岁，为大哥过这个生日，我惶恐不安，感慨万千！岁月过得真是快呀，再过两年，我也将步入 40 岁的殿堂。

人到 40，才懂得什么是真正的生活，才明白人生是怎么一回事！人到 40，生活的笑颜才刚刚展开，人们能感受到人生的沧桑，享受到生活的美好，也就更珍惜以往，珍爱生命，更勇于去开拓未来！大哥，你 40 岁了！换个角度说，你的人生才刚刚开始，祝福你的前途一片光明。

40 岁的大哥，如盛年的果树，挂满责任的果子。

40 岁的大哥，人生擂台上，不再腾挪躲闪，站稳已有的位置，伺机重拳出击。

40 岁的大哥，不再嘻嘻哈哈，喜形于色，像热闹的风雨；必须沉稳老练，察言观色。像一座大山有着牢牢的根基。

40 岁的大哥，衣冠楚楚，言语不躁，社交功夫已臻极致，运用达到了炉火纯青。

40 岁的大哥，绝不轻易承诺，也不会轻易伤害；说了就一定做到，伤害了也叫人有口难辩。

40 岁的大哥，像个农民，更看重到手的收成，而不是转瞬即逝的如花美景。

40 岁的大哥，是儿子，更是父亲，再难找到如母亲般温暖的怀抱，歇歇紧张的神经。

40 岁的大哥，很雄健，也很脆弱；雄健在大庭广众，脆弱在无人街头。

40 岁的大哥，担心健康，又不能没了烟酒；太多的失落、忧郁和委屈，实在不便与人说。

40 岁的大哥，充满磁性，修养和内涵是他无形的电场。40 岁的大哥，明白了太多，也告别了太多。

大哥，40岁的你不要太劳累，不要太卖力气，照顾别人的时候也要学会照顾自己。

今天是你的生日，祝40岁的你前途一片光明！

◇ 友人的致辞

不惑之年的朋友们：

大家好！

不知不觉进入了不惑之年。在这如秋的岁月里，我们该如何认识自己、把握现在？

不惑之年的你既有初秋泛黄的惆怅，又有秋后收获的喜悦。秋天虽羞于春天的娇媚，愧于夏天的芬芳，却赢得了硕果累累的灿烂！春天虽阳光明媚，百花盛开，却春寒料峭，风沙迷漫；夏天虽青山绿水，万紫千红，却雨落水涨，烈日炎炎；冬天虽有白雪世界，寒梅傲立，却鸟飞南国，寒风涤荡。

秋天，是收获的季节。

秋天，是成熟的季节。

秋天，是孕育希望的季节。

秋天，粮熟果红，枫叶翩翩。收获的喜悦和成熟的魅力，展示着勤劳，包容着给予，激荡着一曲欢快、昂扬向上的生命旋律！秋天的果实演绎着秋的品质——果实越丰硕，头垂得越低——厚重而不张扬。在别人慨叹它成功的时候，却已低下头谋划另一次生命的精彩！

秋天以其独有的风姿向世人展示它的魅力。秋风、秋叶、秋色向世人展示着大自然的胸怀。

不惑之年的朋友，让我们在"霜叶红于二月花"的岁月里，丢却悲秋的寂寥，在万里晴空之上书写我们的诗情。让未来的生活在春花中更美，夏红里更秀，秋色间更艳。

今天是你的生日，愿不惑之年的你与成功相伴，与微笑相伴。

祝你生日快乐，事事顺心。

◇ 领导致辞

尊敬的各位来宾、各位朋友：

大家晚上好!

今天是××先生的生日庆典,我有幸参加这一盛会并讲话,深感荣幸。在此,请允许我代表××并以我个人的名义,向××先生致以最衷心的祝福! 并向各位的到来表示衷心的感谢!

如今的××先生,与二十岁时相比,少了几分咄咄逼人的气势,多了几分稳重,但接连不断的得失过后,换来的是他坚定自信、处变不惊和一颗宽容忍耐的心。××岁,这是人生的一个阶段,也是××先生事业上升的最佳时期,我希望××,抓住机遇,奋勇向前! 作为朋友我会一直默默地支持你,帮助你!

竞争的时代,事业成败关键在人不在天。××先生就是凭借奋斗拼搏的韧劲,凭着一分耕耘,一分收获的信念,从点点滴滴的事情做起,最终由普通职员升为现在××公司的重要领导核心之一。××先生对工作执著追求的精神令人敬佩,他的年轻有为、事业有成更令人惊羡。在此,我们共同祝愿他永远拥有旺盛的精力。事业再创高峰!

人海茫茫,我和××只是沧海一粟,由陌路到朋友,由相遇到相知。这难道不是缘分吗? 现在,掐指算来,我们已经有××年的交情。路漫漫,岁悠悠,世上不可能有什么比这更珍贵。我真诚地希望我们能永远守住这份珍贵的友谊,愿我给你带去的是快乐,带走的是烦恼。愿我们的友谊天长地久!

朋友们! 来。让我们端起芬芳醉人的美酒,共同祝愿××先生生日快乐,愿他在新的一年里,事业平步青云,身体健康,生活日新月异。干杯!

6. 庆祝生日佳句

下面是一系列庆祝生日时的致辞佳句,供读者参考。

爷爷,今天是你的70大寿,作为您的孙子,我向您拜寿了,希望您年年有今日,岁岁有今朝,福如东海寿比南山!

亲爱的姥姥,今天是您的80岁生日。在您的生命中,一直都在为他人付出,很少为自己考虑,感谢您对我的呵护,感谢您教给我做人的道理,您就是我生命中最爱的人，希望您健康长寿、天天快乐！

爸爸，今天是你的生日，女儿在这里对你说一声最真诚的生日快乐，感谢您这么多年对我的培养和爱护，谢谢你给我的爱。我祝您身体健康、工作顺利！

今天，是亲爱的妈妈50岁华诞，在此我要感谢我的妈妈，是你培养我长大成人，是你指引了我的人生，你是我生命中最重要的人。妈妈，祝你生日快乐，永远年轻！

孩子，今天是你的一周岁生日，爸爸在这里祝你生日快乐！回想一年以前的今天，我在产房外面焦急而担心地等待着你的降临。你的一声啼哭，向我展示了你的到来，从此，我和你妈妈的生命又多了一份快乐和责任！你就是我们甜蜜的负担，在这一年里让我们获得了无尽的快乐。希望你以后可以健康快乐地成长！

愿您在这只属于您的日子里能幸福地享受一下轻松，弥补您这一年的辛劳。但愿我给予您的祝福是最新鲜最令您百读不厌的，祝福您生日快乐，开心快活！

亲爱的，今天是你的生日，祝你生日快乐！你是我们家的功臣，每天在家里操劳，为家人付出了自己的劳动和时间。你给予了我们太多的爱，那爱是如此的满，让我们每时每刻都感受到幸福，感谢您，我最亲爱的妻子，希望你能永远开心、永远年轻！

亲爱的×××同学，今天是你的18岁生日，18岁以后你就是成年人了，也就有了自己的责任和义务，希望今后的你可以成为一个有担当、有责任心的人，祝你生日快乐！

路遥知马力，日久见人心。亲爱的老朋友，我们已经有了二十多年的友谊，在这漫长的时光中，我们相互帮助，相互关心，有过快乐，有过误解，但是，我们的友谊经受住了考验，直到现在我们依旧是彼此最亲密的朋友！今天是你的生日，在这个特殊的日子里，我要感谢你的母亲，是她将您带到这个世界上，才让我拥有了这份珍贵的友谊！祝老朋友生日快乐、阖家幸福！

只要是朋友。朋友不一定要经常联系，朋友更不需要太多的问候，朋友一句话就能懂，朋友一个沉默都是一种语言。也许我们没有这种默契，友谊还在进行，我们还需要努力。我这个朋友今日只能在此为你送上祝福，只能为你谱写生日的乐章。只能将所有的祝福和希望寄托于纸笺。友情永驻我心！

相逢，相识，相知。只要你心里有我，你就是我的朋友。也许当中的过程，哭过、笑过、远离过，但是只要一想到这奇妙的缘份一切便能释怀。没有什么会比相逢更美丽，没有什么会比无私的友情更可贵。

每过一年都是一个新的开始，每过一个生日，就是体验生命价值的时刻。人生中可能有过许许多多的成功与失败，挫折和兴衰。亲爱的朋友，当新的一岁到来的时候，让一些不该发生的往事随岁月的年轮一转而过，让美丽永驻心间。生命的滚滚红尘，奇迹无所不在，愿你能够在今后的道路上收获更多的美好与快乐，在人生的道路上做一个成功的强者。

今天是你的生日，美丽的季节里鲜花正艳，无数自然天成的祝福等待着你，在这个属于你自己欢乐的日子里，唱吧跳吧，让喜悦的心情随着声声的祝福直到永远，让欢歌笑语陪伴着你一路平安，在这个特别的日子里，太多太多的祝福等着你。

难忘是你我纯洁的友情！可贵是永远不变的真情！高兴是能认识你！献上我最爱的康乃馨，祝你生日快乐！

在你生日来临之际，祝事业正当午，身体壮如虎，金钱不胜数，干活不辛苦，悠闲像老鼠，浪漫似乐谱，快乐非你莫属！

延伸阅读：

记住朋友的生日

你可能会忘记自己的周年纪念日，但是母亲从来不会忘记孩子的生日。并不是每个人都有母亲那样的记忆力，但是你需要记住对自己而言重要的人的生日。

记住生日或者周年纪念日最好的办法就是在新年前一个星期更新自己明年的日历。花费一个下午的时间将每个人的生日或者重要的日志记录在新的日历上。这样当你翻开日历时，你可以看到这些特殊日子的标记。你可以根据这些情况来购买礼物。当朋友生日到来的时候。你能够及时地给对方赠送或者邮寄礼物。

作为成人的父母不应该自己负担起让孩子们记住他人生日的责任。如果你能够很好地培养孩子养成良好的礼仪，那么在特殊日来来临时，他们自己会赠送生日卡片和礼物的。如果孩子们并没有那么做，那么你需要记住他们已经是成人了，完全有能力自己做决定了，包括在生日的时候不应该有不礼貌的行为。